다큐멘터리 영화는 무엇으로 성공하는가

임소연 지음

서울경제경영

| 저자소개 |

임 소 연

이화여자대학교에서 언론학 석사를, 서울과학종합대학원에서 경영학 박사학위를 받았다. MBC, iTV, OBS 경인TV, CJ E&M tvN본부에서 교양, 다큐멘터리 프로그램을 제작, 관리해 왔으며, CJ 헬로에서 지역채널 편성제작 총괄을 담당해왔다. 주요 논문으로는 "다큐멘터리 영화의 성공을 위한 비교 사례연구"와 "A priority of documentary films' success factor : AHP Analysis" 등이 있다. 현재 동서대학교에서 미디어커뮤니케이션학부 겸임교수, CJ헬로에서 제작 어드바이저로 일하고 있으며, 사회에 좋은 영향력을 끼치는 다큐멘터리 제작 활성화와 산업의 확대를 위한 연구를 계속하고자 한다.

본 도서는 서울과학종합대학원대학교 박사학위 논문을 바탕으로 재편집된 것입니다.

들어가는 말

한국 다큐멘터리 영화는 2010년대 접어들면서 가히 황금기를 맞고 있다고 하겠다. 2014년도 개봉된 다큐멘터리 영화 〈님아, 그 강을 건너지 마오〉는 480만 명의 관객이 관람했고(한국영화관 입장권 통합전산망), 그 결과로 2014년도 한국영화흥행순위 9위에 올랐다(한국영화산업 결산, 2014). 2017년 5월에 개봉된 〈노무현입니다〉 또한 200만 명에 가까운 관객을 기록하면서 다큐멘터리영화 흥행을 이어갔다. 이는 일반영화에서도 '흥행'으로 회자되는 관객 수를 기록한 것이었고, 스타나 유명감독의 힘을 빌리지 않고 얻은 성과여서, 다큐멘터리 시장에서 큰 관심을 모았다. 또한 두 영화 모두 CGV아트하우스라는 대형배급사의 배급투자가 이뤄졌고, 각각 186개, 580개의 스크린으로 광역개봉을 함으로써 다큐멘터리영화에서는 미증유의 관객 수와 매출을 기록했다(임소연·이윤철, 2017). 또한, 정치사회적 소재를 다룬 독립 다큐멘터리 영화도 관심을 모으고 있다. 독립 다큐멘터리 영화 또한 영화개봉과 함께 사회적으로 중요한 영향력을 일으킨 성과를 보였는데, 2007년도에 발생한 용산철거민 관련 참사사건을 다룬, 〈두 개의 문(2012)〉은 7만여 명의 관객 수를 기록했고, 당시 야당인 민주통합당이 구속된 철거민을 복권하는 등의 내용을 담은 용산참사 책임자처벌 및 진상규명, 구속철거민 사면촉구 결의안을 만드는 결과를 낳았다(임소연·이윤철, 2017). 이어 〈자백(2014)〉은 14만 명의 관객 수, 〈공범자들(2017)〉은 2017년 10월말 현재 25만 명의 관객 수를 기록하고 있는데, 이명박 정권에 대한 문제제기와 언론 장악에 대한 스토리는 2017년에 뜨거운 사회적 이슈를 낳았다.

이렇듯, 다큐멘터리 영화의 이례적인 성공작들이 나타나고, 다큐멘터리 개봉편수도 증가하면서(그림1), 다큐멘터리영화에 대한 비중과 위상 또한 점점 높아지고 있다. 그 배경에는 우선 정부기관인 영화진흥위원회의 다큐멘터리 영화 제작과 개봉에 대한 지원이 매년 5억 원 가량 꾸준히 계속되고 있었고, 각 종 국내외영화제와 기관에서 주최, 실행하는 지원펀드도 증가추세에 있었다. 또한 일반 상업영화에만 보이던 '투자'현상이 다큐멘터리 영화에서 나타나기 시작했다. 〈님아, 그 강을 건너지 마오〉는 대명문화공장으로부터 1억 여원이상의 투자를 받았고 15년도에 개봉한 〈춘희막이〉는 투자사인 산수 벤처스가 참여했다. 〈자백〉은 정치사회적 소재의 다큐멘터리 영화로서는 처음으로 150여개가 넘는 스크린에서 개봉을 하였는데 이는 일반 사람들이 참여한 '4억 3천여 만원의 크라우드 펀딩'으로 가능한 결과였다. 〈두 개의 문〉〈자백〉〈공범자들〉 모두, 온라인을 통한 펀딩으로 제작과 배급비용을 마련하면서, 온라인을 통해 일반관객과 커뮤니티들의 참여와 홍보, 전파로, 디지털시대에 맞는 새로운 제작-배급-상영 시스템을 시도하여 성공하였다.

이제 다큐멘터리 영화는 영화산업의 가치사슬인 기획-제작-배급-상영 단계마다 영화산업의 면모들이 강하게 드러나고 있다. 대중을 의식한 기획다큐멘터리 영화가 등장하고, 제작자의 아이디어와 제작능력에 따라 성패가 좌우되며, 사업적 역할을 담당하는 프로듀서 등의 역할이 강조되고 있다(김주수, 2004). 배급과 마케팅에서도 새로운 시도들이 생겨나고 있는데, 대형배급사와 파트너십을 맺는가 하면 홍보마케팅에 적극적인 전략과 실행을 시도하고 있다. 이것은 자연스럽게 경제적 성과를 이뤄야 하는 시점에 이르게 했다. 경제적 성과를 통한 다큐멘터리 영화의 성공이야말로, 제작환경이 안정되고, 좋은 작품으로 관객을 부르고, 그 수익이 다시 재투자되는 선순환구조를 갖게 하기 때문이다.

다큐멘터리 영화 산업의 활성이 구체적으로 한국 영화 시장에서 어떤 역할을 할 것인지는 탐색이 필요하다. 현재의 괄목할만한 한국 영화 시장의 성장은 블록버스터 중심의 대중상업영화가 끌어 왔다(박철, 2013). 그러나 그러한 블록버스터 영화들이 미치지 못하는 다양한 삶의 모습을 그려내는 지점에 다큐멘터리 영화가 자리 잡고 있으며, 주류 상업영화에 대한 대안적 성격으로 많은 다양성 영화들과 함께 영화문화의 다양성을 담보하는 근간(곽신애, 2009)이 되고 있다. 또한 다큐멘터리 영화가 '흥행'만으로 수익을 담보하기는 어려운 상황이다. 그렇기 때문에 '공동체 상영'이라는 대안적 상영방식이나 부가시장을 통한 수익 등 시도들이 활발히 이루어지고 있고 최근 멀티 플랫폼이 증가하면서 그러한 플랫폼을 통한 수익 또한 증가하고 있다(박철, 2013). 그러나 '온라인 시장에서 수익을 올린 영화들을 보면 상대적으로 극장개봉 당시 마케팅 과정을 거친 영화들'이라는 사실은 여전히 극장을 통한 흥행이 영화의 전체 수익에 큰 영향을 미치고 있다는 것을 보여주었다.

다큐멘터리 영화의 흥행에 대한 탐색은 거의 전무하다. 일반 영화에 대한 흥행 탐색은 1980년대 미국을 중심으로 한, 흥행성과에 영향을 미치는 요인에 대한 연구들로 진행되었다(김은미, 2003). 영화의 산업적 성과에 대한 기대가 높아지면서부터 주로 회귀분석을 이용하여 흥행에 영향을 미치는 개별요인을 검증하는 방법으로 진행되었는데, 국내에서도 마찬가지로 영화산업에 대한 관심이 높아지면서 한국영화흥행요인 연구들이 활발히 진행되었다. 일반 상업영화 위주의 흥행요인 연구가 대부분이지만 다른 장르의 영화, 즉 애니메이션 영화, 저예산영화, 예술영화의 분야에서도 흥행요인 연구가 이루어졌다(박세영, 2010; 정완규, 2009; 곽신애, 2009; 김소영 임승희 정예슬, 2012). 일반 영화 흥행요인 연구에서 검증된 요인에, 장르의 특성상 영향을 줄 수 있는 요소들이 첨가되어, 회귀분석의 방법으로 진행되었다. 특히 곽신애는 저예산영화의 흥행요인 분석 연구에서, 다큐멘터리 장르가 포함된 '독립영화'의 흥행요인을 밝힌 바 있다. 그러나 그 요인들은 일반 저예산 영화보다 더 입지가 좁은 '독립영화'의 전반을 묶어 나타난 요인이며(곽신애, 2009), 다큐멘터리 영화의 특성이 반영된 것은 아니다.

결론적으로 본 연구는 다큐멘터리 영화의 흥행요인을 규명하여, 산업적 측면에서 다큐멘터리 영화의 대중화와 활성화에 큰 기여를 하고자 시작되었다. 또한 최근 다큐멘터리 영화가 활발히 진행되는 모습 속에서 다양한 요인들을 발견, 현상을 이해하고, 다큐멘터리 영화를 둘러싼 여러 의사결정을 하는 데 도움을 주어, 정책입안자나 실무자들에게 많은 시사점을 제공하고자 한다.

본 저서의 구성을 보면 다음과 같다. 우선, 다큐멘터리 영화의 성공요인은 일반 영화 또는 다른 장르의 영화의 흥행요인과는 다르다는 전제에서 출발했는데, 이는 학술적으로 다큐멘터리라는 장르가 어떻게 생성되어 어떠한 사회적 정의와 담론들로 위치해 있는지와 또한 한국 다큐멘터리 영화의 시작과 현재에 이른 산업적 특성, 특히 최근에 활발하게 이루어지는 한국 다큐멘터리 영화시장의 특징을 1장 다큐멘터리 영화의 성공인식에 대한 기초에서 들여다 보았다. 또한 일반 영화의 흥행요인 연구를 이론적 배경으로 살펴보았다. 기 본적 영화의 흥행요인의 틀에 다큐멘터리 영화의 특성을 반영, 그 성공 요인을 도출하기 위한 작업이었다.

2장에서는 최근 다큐멘터리 영화가 성공한 사례를 통해 그 요인을 규명한 연구를 진행했다. 보편적 소재를 다루면서 투자와 배급에 있어 산업적인 접근을 시도한 〈님아, 그 강을 건너지 마오〉 사례와 정치사회적 소재를 전통적인 독립제작 및 배급 방식으로 다룬 〈두 개의 문〉 사례를 선정하여, 그 성공요인을 비교분석하였다. 분석틀로서, 영화의 경제적 성과를 탐색한 흥행요인 연구의 대표적 학자인 리트만(Litman,1989)의 세 가지 구분을 사용, 위의 두 사례와 접목시켜 봄으로써, 전반적인 한국 다큐멘터리 영화의 성공에 영향을 주는 요인들을 규명해 보았다. 보편적인 감동을 줄 수 있는 소재로 폭 넓은 관객에게 대중적으로 어필하기 위해 기획, 제작된 다큐멘터리 영화와, 사회적 현실에 대한 참여 욕구가 강한 특정관객에게 정치사회적 소재를 어필하여 다큐멘터리 영화의 공공재적인 성격을 강하게 담고 있는 다큐멘터리 영화를 각각 선정한 것은 기획부터 배급, 마케팅 방식이 다를 것으로 예상되었기 때문이다. 그리고 초기 연구인 점, 또 다큐멘터리 영화의 유형이 특징 있게 나눠진다는 점을 반영하여, 포괄적으로 접근, 그 요인을 탐색해야 한다고 생각했기 때문에, 두 가지 유형을 구분하여 분석하였다. 3장에서는 위의 두 가지 사례를 통해 탐색된 성공요소들을 최근 한국 다큐멘터리 영화의 여러 사례들과 접목하면서 더 구체적으로 적용해 보았다. 같은 성공요소라 해도 위의 두 사례보다 훨씬 풍성하게 보여 지는 모습들, 또는 두 사례에서는 발견되진 않았지만 최근 다른 사례들에서 보여줬던 내용들을 더 탐색하였다. 4장과 5장에서는 2장,3장에서 탐색되어진 각 영역의 요인들을 검증하고, 요인들의 중요도와 우선순위를 분석했다. 성공기준이 관객 수라는 단일요인이 아닌 좀 더 다수의 복잡한 요인들이 얽혀 있는 다큐멘터리 영화의 특성을 잘 반영할 필요가 있다고 판단되어 전문가들의 경험과 지식을 반영하는 AHP기법을 실시, 중요도 분석연구를 실행했다. 초기연구인 만큼 하나의 요인이 성공에 영향을 미치냐 안 미치냐의 관계만을 보기보다, 어떠한 요인들이 있는지 그 요인을 도출해보는 작업이 중요하다고 판단되었다. 또한 중요도 분석은 현재 전반적인 한국 다큐멘터리 영화 시장을 함께 탐색해보는 적절한 연구방법이었다. 결과로써, 직접 다큐멘터리영화의 생산과정에 참여하는 영화의 제작과 배급, 마케팅에 종사하는 전문가들이 보는 요인 간 중요도가 분석되었는데, 소재의 유형에 따라, 역할에 따라 그 중요도와 우선순위를 어떻게 다르게 보고 있는지의 내용을 포함하고 있다.

목 차

Chapter 01 다큐멘터리 영화의 성공에 대한 기본적인 접근

1. 다큐멘터리 영화의 태동과 역할

1920년대 영화의 한 장르로 생성된 다큐멘터리 영화는 로버트 플래허티(Robert Flaherty)가 제작한 〈북극의 나누크(Nanook of the North)〉로부터 시작한다. 북극의 에스키모인 들이 척박한 자연환경을 이겨내며 살아가는 모습을 담은 이 영화는 흥행에 큰 성공을 거두어 당시 미국인들 사이에서 화제가 되었다(유현석, 2007). 이어 비슷한 두 번째 작품 〈모아나(Moana)〉를 제작하게 되었는데, 존 그리어슨(John Grierson)은 〈모아나(Moana)〉를 보고 「New York Sun」지에 "모아나는 기록할 만한 자료로서 가치가 있다"라는 글을 실었고, 여기에서 '다큐멘터리'라는 용어를 처음으로 사용하였다(이도균, 2008). 플래허티는 다큐멘터리를 '사실성(the activity)'을 기반으로 한 발견과 폭로의 예술이라 정의했고, 그리어슨은 다큐멘터리를 '현실에 대한 창조적 처리(the creative treatment of actuality)'라 정의했다. 플래허티는 있는 사실을 발견하여 전달하는 것만으로 다큐멘터리의 의미를 한계 지었다면, 그리어슨은 있는 사실을 토대로 새로운 의미를 창조하여 선전이나 교육과 같은 목적을 실현시키는 도구로 이용함으로써 다큐멘터리의 폭을 넓혔다고 할 수 있다(전평국, 2008). 폴 로차(Paul Rotha)는 다큐멘터리를 제작하는 제작자의 의도가 인간 삶의 질을 높이고 사회를 개량시키기 위한 기능을 가져야 한다며, 다큐멘터리의 의도, 기능, 효과에 대해 언급하면서 다큐멘터리의 정의를 확대시켰으며, 바실 라이트(Basil

Wright) 역시 다큐멘터리영화를 대중이 공공정보에 접근할 수 있는 아주 중요한 통로로 여기면서 다큐멘터리의 기능을 '정책반영'에 두기도 했다(마크 커즌스, 2013. 단행본)

세계 다큐멘터리 연맹은 다큐멘터리영화의 정의를 이렇게 공식화했다. "다큐멘터리 영화란 경제, 문화, 인간관계의 영역에서 인간의 지식과 이해를 넓히고 그 욕구를 자극시키며 문제와 해결책을 제시하기 위한 목적을 가지고 이성이나 감성에 호소하기 위해 사실의 촬영이나 진지하고 이치에 맞는 재구성을 통해 해석되는 사실의 모든 면을 영화(Celluloid)에 기록하는 모든 방법을 말한다."(이도균, 2008). 레이몬드 스포티스우드(Raymond Spottiswoode)는 다큐멘터리는 주제와 접근법에 있어서 산업적, 사회적, 정치적 관계를 포함한 인간의 주변관계를 극적으로 표현한 것이라고 설명했고(Raymond, 2001), 잭 엘리스(Jack Ellis)는 다큐멘터리가 사실적인 것을 기록하여 관객에게 전달함으로써 관객들의 가치관에 영향을 미쳐 결국 행동을 변화시키는데 목적이 있다고 하였다(Jack et al. 2011).

이렇듯, 다큐멘터리의 정의는 시대의 흐름에 따라, 또한 평론가, 작가의 정의에 따라 변해 왔다. 이러한 담론들의 연구는 다큐멘터리를 '실체'와 '리얼리티'의 담론에만 머무르지 않고, 픽션과 논픽션을 넘나들면서 시대적 흐름의 변화와 사회·문화적인 상황까지 더불어 이해하며 정의하고 있다(이도균, 2008). 또한 관객들이 새로운 것을 요구하고, 기술이 발전하고, 매체가 다양화되면서, 다큐멘터리의 개념은 재정리 되어 왔는데, 최근에는 다큐멘터리를 '특정 양식', '형식' 등으로 규정짓기 보다는 진실과 메시지(message)를 전달하려는 '정신'으로 규정하기도 했다(이도균, 2008).

2. 한국 다큐멘터리 영화 산업

(1) 한국 다큐멘터리 영화의 시작

한국의 다큐멘터리영화는 1980년대에 사회변혁운동의 일환으로 노동자, 농민, 도시빈민이 참여하는 사회적 운동의 맥락 속에서 출발하였다. 투쟁의 현장을 기록하는 매체로써 다큐멘터리영화의 역할을 보여주었는데, 1988년 발표된 〈상계동 올림픽〉과 노동자 뉴스 제작단이 제작한 〈노동자뉴스〉시리즈를 들 수 있다(남인영 · 김일란 · 이승민, 2009). 이때의 다큐멘터리 영화의 관객은 현장의 노동자와 학생 그리고 사회단체 활동가들이었다.

한국 다큐멘터리영화의 이러한 출발점을 비디오 액티비즘이라 하는데, 이렇게 제작된 영화의 특징적인 시스템은 사회단체와 제작단체가 함께 영화를 기획하고 배급한다는 점, 이들이 함께 생활하면서 제작을 한다는 점, 이후 이들 단체를 통한 배급이 주로 이뤄진다는 점 등이 있다. 이 비디오 액티비즘은 현재까지 한국 다큐멘터리영화의 강력한 전통으로 자리 잡았고, 제작포맷, 제작양식, 배급, 관객에까지 한국다큐멘터리영화의 특이성을 구성하는데 핵심이 되었다(남인영 · 김일란 · 이승민, 2009).

최초로 극장에서 개봉된 다큐멘터리 영화는 95년부터 상영된 변영주 감독의 〈낮은 목소리〉시리즈다. 이어 2003년도에 〈송환〉이 극장에서 개봉되었는데, 이 두 영화는 극장보다는 비극장 배급, 즉 공동체상영을 통해 주로 관객들을 만났고, 모두 해외영화제 수상을 계기로 해외진출을 본격화하며 해외배급을 주로 진행하게 되었다(남인영 · 김일란 · 이승민, 2009). 이 영화들은 앞서 언급한 초기 액티비즘 영화와 다르게 일반 관객과 만나려는 시도를 다양하게 펼쳤지만, 공동체상영을 통한 배급이 주로 이뤄졌다는 점에서 영화산업시스템과는 아직 거리를 둔 모습이었다고 볼 수 있다.

(2) 한국 다큐멘터리 영화 산업의 변화

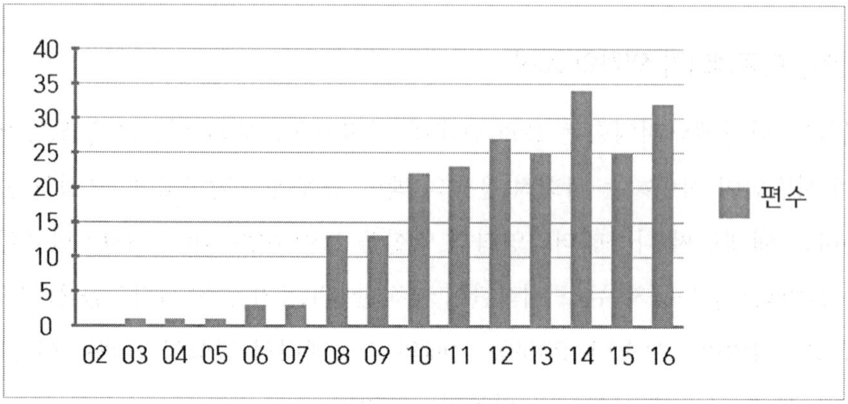

|그림 1| 연도별 한국 다큐멘터리 영화 개봉 편 수

2000년대 후반 들어 한국 다큐멘터리 영화는 큰 변화를 갖게 되었다. 먼저 〈그림 1〉에서 보듯, 다큐멘터리영화 개봉 편수가 증가하였다. 2008년도부터 급격히 개봉 편수가 증가하면서 2010년도부터는 매년 20편이상의 영화가 꾸준히 개봉되었다.

특히 2008년도부터 급격히 개봉편수가 늘어난 배경에는 정부와 영화제의 개봉 지원이 있었다. 2008년과 2009년 두 해에 걸쳐 개봉된 각각 13편의 다큐멘터리 현황을 보면, 정부 또는 영화제 등의 제작 및 개봉지원이 있었다. 특히 정부의 개봉지원 사업 즉 아트플러스네트워크 지원, 인디스페이스 개봉지원 같은 독립영화, 예술영화전용관 지원의 혜택을 받은 영화들이 대거 개봉된 것을 볼 수 있었다(표 1 참조).

| 표 1 | 2008년, 2009년도 개봉된 다큐멘터리 영화 지원현황

지원명	2008년도	2009년도
	총 13편 개봉	총 13편 개봉
아트플러스네트워크 지원	3편 지원	5편 지원
독립영화제작지원	4	
인디스페이스 개봉지원	2	2
CJ CGV 장편영화 개봉지원	1	
부산국제영화제 출품	4	1
서울여성영화제 수상	1	

두 번째 큰 변화는 제작비 공급이 확대되었다는 점이다. 이는 영화진흥위원회를 비롯한 정부기관의 지원과 각 종 영화제를 통한 지원펀드가 그 중심에 있었다. 〈표 2〉에서 보듯 2016년도에 이뤄진 다큐멘터리영화에 대한 영진위의 지원과 주요 영화제의 지원 금액을 합해 본 결과, 그 규모가 총 13억 6천만원에 이르렀다

| 표 2 | 2016년 정부기관 및 국내영화제펀드 지원 현황

	기관 및 영화제명	펀드 및 지원사업명	규모(단위,원)
정부기관	영화진흥위원회	독립영화지원사업	330,000,000
		다양성 영화 개봉지원사업	175,000,000
국내 영화제 및 민간지원	전주국제영화제	전주시네마펀드	100,000,000
	부산국제영화제	아시아다큐멘터리 네트워크 펀드(AND)	100,000,000미만
	DMZ국제 다큐멘터리영화제	제작 또는 개봉지원프로그램	360,000,000
	EBS국제 다큐멘터리영화제	제작지원프로젝트	100,000,000미만
	인천 다큐멘터리포트	베스트프로젝트	200,000,000
	총 1,365,000,000원		

또한 다큐멘터리 영화 제작과 배급에 민간 기업들이 투자를 하는 현상이 나타나고 있다. 문화콘텐츠기업인 대명문화공장은 〈님아, 그 강을 건너지 마오〉 제작과 배급에 투자를 했고, 산수 벤처스는 인천다큐멘터리포트와 함께 2015년 추석에 개봉된 〈춘희막이〉에 공동투자를 했다. CGV아트하우스는 배급투자사로서 〈님아, 그 강을 건너지 마오〉, 〈춘희막이〉, 〈노무현입니다〉 등에 투자를 진행했는데 이 중 결과적으로 수익이 가장 적었던 〈춘희막이〉도 200개가 넘는 스크린으로 개봉을 했다. 대형배급사의 투자는 다큐멘터리 영화의 초기 스크린 진입에 결정적인 역할을 함으로써 영화의 흥행에 영향을 미치고 있다.

이러한 민간투자 뿐 아니라 온라인을 통한 펀딩 또한 제작비 공급에 큰 역할을 하고 있다. 〈표3〉에서 보듯이 역대 한국 다큐멘터리영화 순위 10위에 든 영화들 중에서 온라인 펀딩이 이뤄진 영화는 4위 〈무현, 두 도시 이야기〉, 5위 〈자백〉, 8위 〈두 개의 문〉이다(임소연 · 이윤철, 2017).

온라인을 통한 크라우드 펀딩은 특히 정치사회적인 소재를 다룬 다큐멘터리 영화에서 주로 이뤄졌다. 〈무현, 두 도시 이야기〉는 극장 개봉을 위한 목표금액 1억원을 넘어선 금액을 온라인을 통해 마련했고 국정원 간첩조작사건을 다룬 다큐멘터리 영화 〈자백〉은 4억여 원이 넘는 개봉 비용이 모아져 150여 개에 달하는 스크린에서 개봉, 정치, 사회적 소재를 다룬 영화로서는 드물게 10만 관객을 돌파하기에 이르렀다.

표 3 역대 한국 다큐멘터리 영화 순위 (2017.4. 현재.)

순위	영화명	개봉년도	관객수	순위	영화명	개봉년도	관객수
1	님아, 그 강을 건너지마오	2014	4,801,873	6	나는 갈매기	2009	117,977
2	워낭소리	2009	2,934,435	7	아마존의 눈물	2010	104,367
3	울지마, 톤즈	2010	444,327	8	두 개의 문	2012	73,763
4	무현,두도시 이야기	2016	193,578	9	길 위에서	2013	53,528
5	자백	2016	143,944	10	다이빙 벨	2014	50,304

세 번째로 중요한 변화는 새로운 인력들이 유입되면서 다큐멘터리 영화의 소재와 스토리텔링이 다양해졌고 작품의 완성도 또한 높아졌다. 휴먼다큐멘터리를 십 수 년 간 제작한 TV독립피디들과 탐사저널리즘을 구축해온 방송기자출신의 감독들은 물론이고 아트와 다큐멘터리의 접목을 시도하는 아티스트들과 영화학교 출신의 젊은 다큐멘터리 영화 키즈들도 활발히 영화를 제작하고 있다(맹수진, 2015). 네 번째로는 기획다큐멘터리 영화가 등장했다. 물론 기획다큐멘터리의 모습이 1990년대에 일반상업영화에서 나타난 것처럼 대기업이 자본을 대면서 기획사들이 등장한 형태는 아니지만(황동미, 2001). 앞서 비디오 액티비즘에서 언급한 것처럼, 사회 운동적 차원에서 제작자들이 말하고 싶은 소재를 중심으로 제작하는 것이 아니라, 철저히 관객의 시각에서 배급과 시장에 맞춘 기획을 하고 있다. 이러한 기획은 감독과 분리된 제작자 혹은 프로듀서가 함께 진행하는데(김주수 · 임성준, 2011), 이는 자연스레 다큐멘터리영화의 상업적 업무를 담당하는 프로듀서의 역할과 영화연출의 책임자, 작품의 완성도를 책임지는 사람으로서의 감독의 역할을 구분하고 있다.

또한 다섯 번째로는 디지털 시대의 SNS가 예산이 적은 다큐멘터리영화에 홍보, 마케팅을 적극 실행할 수 있는 길을 열어 주었다는 것이다. 실제로 최초의 다큐멘터리영화의 흥행 사례인 〈워낭소리〉는 SNS를 통한 입소문 마케팅을 적극 실행, 7개의 상영관으로 시작했지만 80개의 상영관까지 확장하여 장기상영이 가능할 수 있었다. 영화를 본 관객들의 자발적인 입소문으로 극장들이 알아서 스크린 수를 늘릴 만큼 폭발적인 뒷심을 발휘한 것이다. SNS 사용이 보편적 추세가 되면서 입소문(Word of Mouth)은 확산 속도나 영화의 흥행에 미치는 영향력 면에서 과거와 비교가 안 될 정도로 그 발휘하는 힘이 커졌다. 이제는 더 이상 자본의 힘으로 관객들을 몰아붙일 수 없는 시대가 왔다. 영화 콘텐츠 자체가 얼마나 양질인가가 가장 중요하다는 것인데, 이런 면에서 SNS를 통한 입소문 마케팅은 다큐멘터리 영화의 가장 주요한 마케팅 전략이 되어 가고 있다.

다음 여섯 번째로 큰 변화의 모습이 다큐멘터리 영화에 반응하는 관객의 모습이다. 최근 국내 영화관객들이 영화를 선택하는 방식뿐만 아니라 관람 후 영화를 소비하는 패턴도 크게 달라지고 있다. 한화성(2015)은 이러한 현상을 '시네-프로슈머'라고 표현했다. 단순히 영화라고 하는 콘텐츠를 관람하는 정도의 수동적 태도에 멈추지 않고 좋은 영화를 찾아 제작을 독려하기 위해 소규모의 투자라도 주저하지 않고, 특정 영화를 좋아하는 사람들끼리 모여 그 영화를 오래 두고 볼 수 있도록 팬덤 활동을 활발하게 하는 등의 능동적 수용태도를 말하는데, 이런 모습은 상업영화보다는 예술적 완성도가 높은 영화나, 특정 감독과 배우를 응원하는 예술영화, 독립영화에서 많이 나타난다고 했다. 이러한 '시네-프로슈머'는 한국 다큐멘터리 영화에서는 다큐멘터리의 특징이 포함되어 더욱 특별한 관람행동으로 나타나고 있다. 한국 다큐멘터리 영화 관객도 영화에 능동적 수용태도를 보이는 것은 비슷하다. 온라인을 통해 지원 또는 투자를 하고, 영화를 널리 알리고 함께 보는 행위를 하는데, 정치적 행위로써의 관람행동을 보여주는 것이 다른 점이다. '영화'이기 때문에 관람하는 것이 아니라 그 소재에 관심이 있거나 주제에 대한 찬성의 의미로 영화를 관람한다는 것이다(남인영 · 김일란 · 이승민, 2009). 특히 권은혜(2014)는 이러한 특성을 가진 다큐멘터리영화 관객이 2000년대 이후 웹이 활성화되고 SNS가 등장하는 변화된 미디어 환경 하에서 더욱 활발하게 전개되고 있다면서 이들을 '참여관객'이라 명명했다. 실제로 〈자백〉은 다큐멘터리 영화로는 이례적으로 서울부터 제주도까지 총 62회의 대규모 시사회를 진행하였으며, 상영 전 배급비용을 모으는 크라우드 펀딩에도 80일 동안 1만7261명이 참여해 4억3427만원을 모으는 성과를 달성했다. 이러한 능동적이고 적극적인 관객들로 인해서, 〈자백〉은 정치사회적 다큐멘터리 영화로서는 최고의 흥행기록인 14만 명의 관객 수를 기록했다. 일반 상업영화의 시장과는 전혀 다른 시장이 다큐멘터리 영화에서 형성되고 있다. 온라인을 통해 크라우드 펀딩을 하고, 그 커뮤니티를 중심으로 새로운 배급과 유통이 이루어지고, 그러한 네트워크를 중심으로 사회적 아젠다를 실천하기까지의 활동들이 전개되고 있는 것이다(Sorensen, I. E., 2012).

3. 일반 영화는 어떤 요인들로 흥행하는가

(1) 일반 영화의 흥행요인

영화흥행에 대한 연구는 영화산업이 가장 발달했던 미국을 중심으로 1970년대부터 다양한 접근 방식을 개발하면서 꾸준히 연구가 진행되어 왔는데, 커뮤니케이션 이론적 접근과 경제학적 접근의 두 가지 유형으로 크게 나누어 진다(Litman, B. R., and L. S. Kohl, 1989). 본 연구에서는 경제적 성과를 연구하는 경제학적 접근으로 진행된 연구를 살펴보겠다. 리트만은 1970년대 개봉된 영화 155편을 가지고 흥행성과에 영향을 미치는 요인들을 연구했는데, 분석 결과, 제작비, 개봉스크린규모, 전문가평점, 배급사파워, 아카데미상 수상실적을 흥행요인으로 제시했다(Litman, B. R., 1983). 리트만과 콜은 그동안 선행된 연구에서 검토한 요인들을 창조의 영역, 배급 유통의 영역, 마케팅 노력의 영역의 세 가지로 유형으로 구분하였는데(Litman, B. R., and L. S. Kohl, 1989), 창조의 영역은 주로 영화의 내용적 요소로, 영화의 장르, 감독, 관람등급, 스타, 제작비 등이 포함된다. 배급 유통에 관한 영역은 배급사의 유형, 배급 규모, 스크린 수,

❙ 표 4 ❙ 창조적 영역의 영화 흥행요인에 대한 기존 연구

<table>
<tr><th></th><th colspan="2">요인</th><th>검증된 연구</th></tr>
<tr><td rowspan="5">창조적 영역</td><td colspan="2">제작 예산의 규모</td><td>Litman & Ahn (1998), Litman & Kohl(1989), Wyatt(1991), Basuroy, et al(2003), Chang & Ki(2005).</td></tr>
<tr><td colspan="2">스타 파워</td><td>Litman & Kohl(1989),Albert(1998),Wyatt(1991), Sochay(1994),Wallace,et al.(1993), 유현석(2002), Desai & Basuroy(2005).</td></tr>
<tr><td rowspan="2">장르</td><td>코미디</td><td>Litman(1982), Litman & Kohl(1989), Sochay(1994), Wyatt(1991).</td></tr>
<tr><td>호러,SF</td><td>Litman & Kohl(1989), Wyatt(1991).</td></tr>
<tr><td colspan="2">영화 관람 등급</td><td>Litman & Ahn(1998), Litman & Kohl(1989).</td></tr>
</table>

개봉 시기, 배급전략이, 마케팅 노력의 영역에는 영화제 수상여부, 평론가들의 평가, 광고와 홍보의 규모 등을 포함하고 있다(박세영, 2010).

각 영역에서 이후 검증된 내용들을 살펴보면, 먼저 창조의 영역에서 많은 요인들이 영화흥행에 영향을 미치는지가 검증되었다(표4).

또한 배급 유통의 영역에서는 스크린 수가 흥행성과에 유의미한 영향을 미친다는 연구결과가 많았다. 특히 국내연구에서 김휴종(1999)도 이와 같은 연구결과를 도출했는데 이는 스크린 수가 많을수록 영화에 대한 접근기회가 높아지기 때문에 흥행에 영향을 미친다는 것이다. 신현훈(2000)은 메이저배급사에 의한 영화의 배급여부가 관객 수의 동원에 큰 효과가 있다고 밝혔고, 김숙(2002)은 특히 초기 스크린의 수가 영화의 흥행성적에 높은 관련성을 가진다고 하였는데 이는 배급사의 파워와 밀접한 관련이 있다고 했다. Litman, B. R., and L. S. Kohl(1989)은 상영시기가 영화흥행에 긍정적 영향을 미치는 요인임을 제시했고, Sochay, S.(1994), 박현형・박찬수(2001) 역시 상영시기가 중요한 흥행 요인이 될 수 있음을 주장했다. 또한 마케팅 영역에서는, Prag, J. and J. Casavant(1994)는 마케팅에 드는 비용에 관한 자료를 모아 직접 분석하여, 마케팅 비용이 흥행에 미치는 가장 큰 요인이라는 것을 밝혀냈다. 김숙(2002)의 연구에서도 영화의 흥행성적에 높은 관련성을 보였던 요인이 초기스크린 수와 함께 광고비였다. 안성아・김태준(2003)은 영화제수상경력과 전문가비평을 입소문을 발생하게 하는 변수로 분석한 결과, 개봉 후 관객의 감소를 낮추는 데에 영향을 주는 요인이라고 하였다. 영화와 관련해 언론에 보도된 것이 영화흥행에 영향을 미친다는 연구결과도 있어(박조원・이귀옥, 2004), 비평가의 영향력 또한 재차 확인할 수 있다. 2000년대 말부터는 관객들의 온라인 평가와 흥행의 연관성에 관한 연구가 활발해졌다(Dellarocas, C., Awad, N. F. and Zhang, X., 2007; Duan, W., Gu, B. and Whinston, A. B, 2008; Liu, Y. 2006; Moul, C. 2007). 고정민(2008)과 박승현・정완규(2009)의 연구에서 일반인의 온라인 평가는 영화흥행에 영향을 미치는 것으로 나타났다. 이후 박승현・송현주・정완규(2011)의 연구에서도 온라인 구전의 빈도가 영화의 흥행에 유의미한 영향력을 가지는 것으로 나타났다. SNS를 통한 입소문은 영화제작 후 배급단계에서 스크린 확보에 강한 영향을 주는 요인으로 작용하고 있다고 했다(김연형 · 홍정한, 2011).

(2) 다양성 영화의 흥행요인

위와 같은 영화흥행요인은 일반상업영화에서 주로 고찰되어진 결과이다. 일반상업영화가 아닌 다양성영화들의 흥행요인 연구도 진행되었는데, 국내에서는 애니메이션영화, 저예산영화, 예술영화 등의 흥행요인 연구가 진행되었다. 주영기와 박승현(2013)은 2000년부터 2012년까지 국내에 상영된 105편의 일본 애니메이션영화를 대상으로 그 흥행성과를 분석하였다. 책정된 요인은, 속편 형태, 영화의 상영등급, 배급사 파워, 개봉 시즌, 개봉스크린 규모, 그리고 전문가 평가의 존재 및 네티즌의 온라인 평가였고, 결과로서 유의미하게 관찰된 요인은 개봉스크린 규모와 네티즌의 온라인 참여빈도였다. 박세영(2010)은 국내 상영된 애니메이션 영화 관람을 결정하는 요인으로서 흥행요인을 연구하였는데, 일반상업영화와는 달리 캐릭터와 제작 국가를 요인으로 추가하여 분석한 결과 캐릭티, 비평, 관객 평, 관객평수, 수상경력이 유의미한 요인으로 결과가 도출되었으며, 특히 애니메이션 관람선택 시 캐릭터를 가장 고려하는 요인으로 분석하였다. 이는 애니메이션영화의 특징적인 차이가 결과로 나타난 것이라 볼 수 있다. 김소영 · 임승희 · 정예슬(2012)은 상업영화와 예술영화의 흥행요인을 비교분석하면서, 예술영화 특징으로 감독의 명성, 다양한 관람등급, 전문가의 평가, 제작 국가를 중요한 요인으로 연구했다.

곽신애(2009)는 2007년 1월부터 2009년 10월말까지 개봉된, 순제작비 10억 미만의 저예산으로 제작된 영화를 대상으로, 저예산영화의 흥행요인을 분석하였다. 이 연구는 저예산영화를 독립영화, 예술영화, 다양성영화, 저예산상업영화로 구분하여 분석했는데, 그 변수로써 배우, 감독, 장르, 소재(실화배경), 투자 또는 제공사 결합 여부, 영진위 제작지원 여부, 개봉지원 여부 등을 사용했다. 다큐멘터리영화가 포함되어 있는 독립영화에서는 그 분석결과로, '개봉지원' 요인과 '정부지원금' 요인이 흥행에 긍정적 영향을 미치는 것으로 나타났다. 또한 이 연구의 중요한 결과로써, 저예산영화의 새로운 구분을 도출했는데, 저예산영화를 상업영화, 독립영화, 다양성상업영화로 구분지은 점이다. 특히 새롭게 보여진 구분인 '다양성 상업영화'는 본질적인 속성(예술영화 인정, 장르, 영화제성과, 비평가평점)은 독립영화에 가깝지만 상업영화와 같은 경쟁력(스타파워, 제공투자사)을 보유하고 상업영화처럼 마케팅을 전개(뉴스 수, 개봉관수)함으로써 저예산영화 범주 내에서 상대적으로 가장 높은 성과(관객 평점 양, 관객 수)를 이끌어내는, 유의미한 변별성을 가진 유형으로 나타난 것이다(곽신애, 2009). 저예산영화 중 특히 독립영화, 예술영화로 불리는 영화들이 상업적인 성과보다 영화문화의 다양성 측면에 가치를 두고 있지만, '다양성 상업영화'까지를 선택적으로 포함하여, 향후 관련한 연구들에서 폭 넓게 활용할 수 있음을 제시하였다. 다큐멘터리영화도 독립영화의 본질적인 속성만 갖고 있지 않다. '다양성 상업영화'처럼 상업적 속성을 드러내었을 때 높은 성과를 내는 사례가 적지 않다.

Chapter 02

한국 다큐멘터리 영화의 성공사례

1. 사례 선정의 기준과 분석방법

최근 다큐멘터리 영화의 대중적 성공 사례가 증가하고 있다는 것은 앞서 언급했다. 다큐멘터리 영화의 흥행요인을 규명하는 연구가 처음 이뤄지는 것이기 때문에, 그 성공 사례들로부터 요인을 살펴보는 일은 꼭 필요한 작업이었다. 최근 흥행한 사례를 두 가지로 나눠 선정, 사례연구를 진행하였다. 보편적인 감동을 줄 수 있는 소재로 폭 넓은 관객에게 대중적으로 어필하기 위해 기획, 제작된 다큐멘터리 영화와, 사회적 현실에 대한 참여 욕구가 강한 특정관객에게 정치사회적 소재를 어필하여 다큐멘터리 영화의 공공재적인 성격을 강하게 담고 있는 영화는 각각 기획부터 배급, 마케팅 방식이 다를 것으로 예상했기 때문이다.

(1) 사례 선정과 그 이유

〈표 3〉에서 언급한 역대 한국 다큐멘터리 영화 순위를 살펴보면, 10위안에 든 영화들이 크게 두 가지 유형으로 구분되어 나타난다. 그 중 하나는 대중 관객에게 어필하는 극적인 스토리텔링이 담긴 영화로 〈님아, 그 강을 건너지 마오〉, 〈워낭소리〉, 〈울지마 톤즈〉이고, 다른 하나는 정치사회적인 소재로 강한 정치적 메시지를 전달하는 〈자백〉, 〈두 개의 문〉, 〈다이빙 벨〉등이다.

표 3 역대 한국 다큐멘터리 영화 순위 (2017.4. 현재.)

(한국영화입장권통합전산망)

순위	영화명	개봉년도	관객수	순위	영화명	개봉년도	관객수
1	님아, 그 강을 건너지마오	2014	4,801,873	6	나는 갈매기	2009	117,977
2	워낭소리	2009	2,934,435	7	아마존의 눈물	2010	104,367
3	울지마, 톤즈	2010	444,327	8	두 개의 문	2012	73,763
4	무현,두도시 이야기	2016	193,578	9	길 위에서	2013	53,528
5	자백	2016	143,944	10	다이빙 벨	2014	50,304

각 유형의 영화를 10위 안에서 선정해보았는데, 첫 번째 영화는 〈님아, 그 강을 건너지 마오〉이다. 2014년에 개봉되어 관객 480만 명을 동원한 이 영화는 다큐멘터리는 재미없고 관객도 들지 않는다는 편견을 깨고, 2014년 다양성영화 관객 순위 1위를 기록했으며(한국영화산업결산, 2014), 2015년 IPTV 및 디지털 케이블TV 한국영화 순위에서도 9위를 차지했다(한국영화산업결산, 2015). 또한, 투자가 진행된 점, 대형배급사와 파트너십을 맺은 점 등을 볼 때, 일반 상업영화 시스템으로 제작되었다고 볼 수 있어 그 연관성을 분석하고자 하였다. 두 번째 다큐멘터리 영화로는 2012년 개봉, 상영된 〈두 개의 문〉을 선정하였다. 2009년에 발생한 '용산참사'라는 민감한 정치사회적 소재를 다룬 영화로, 관객수는 7만이었다. 이 영화는 한국 다큐멘터리 영화의 태생인 비디오 액티비즘의 계보를 잇는 제작자들이 제작한 영화이다. 그러나 영화적 스토리텔링으로 완성도를 가졌으며, 배급과 마케팅 영역에서 획기적인 전략과 방법으로 흥행에 성공했다는 평가를 받았다(임소연・이윤철, 2017).

(2) 분석방법

본 연구는 최근의 다큐멘터리 영화의 성공사례를 분석하면서, 다큐멘터리 영화 흥행에 영향을 미치는 요인들을 찾는데 목적을 두고 있다. 이를 위해 리트만과 콜(1989)이 구분한 세 가지 범주를 분석틀로 했다.

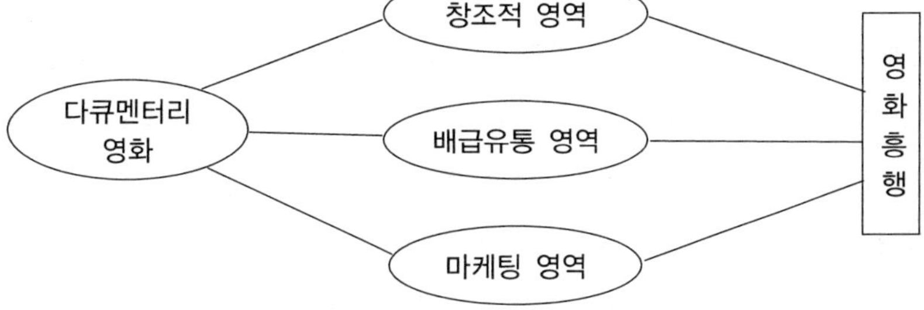

▌그림 2▌ 사례 분석 연구 모형

이러한 리트만의 카테고리는 한국영화의 흥행요인 연구에서, 새로운 요인을 선정하는데 상위 카테고리로 언급되거나 그 틀로써 사용되었는데, 일반 상업영화의 흥행요인 연구에는 물론이고 다양성영화의 연구에서도 그 장르의 특성에 맞는 새로운 요인들을 도출하는 데 사용되었다(표 4 참고).

먼저 창조적 영역(Creative sphere)은 이야기 그 자체, 영화의 내용, 예산과 감독선정, 상영등급 등 제작단계에서의 결정 등이 해당되는데(김정호, 2008), 다큐멘터리 영화에서는 영화의 스토리와 인적구성, 제작비조달과 연관되어 있다. 두 번째 배급 유통의 영역은, 일반영화 뿐 아니라 저예산영화와 독립영화의

▌표 4▌ 리트만의 카테고리를 분석틀로 사용한 기존 연구

	기존 연구			
	저자	연구명	발행처	발행 년도
일반 영화	김병선	영화유형에 따른 흥행예측요인 비교연구	한국언론학보	2003
	김은미	한국영화 스타파워 분석,2003-2007.	한국언론학보	2003
	김정호	한국영화 스타파워 분석,2003-2007.	영화연구	2008
	장병희	심리적 변인활용을 통한 영화흥행 예측의 정교화	한국언론학보	2009
다양성 영화	곽신애	저예산영화 흥행요인 분석	추계예술대학교	2009
	박세영	애니메이션영화 흥행요인 분석	애니메이션연구	2010
	주영기	일본 애니메이션의 흥행성과에 미치는 영향	일본근대학연구	2013

흥행성과를 분석한 연구에서도 가장 영향을 크게 미치는 요인으로 나타나고 있다(곽신애, 2009). 다큐멘터리 영화와 같은 저예산영화는 대형영화들과 경쟁하며 스크린 수를 확보하는 것에 상당히 어려움이 있지만, 그럼에도 불구하고 강한 상관관계를 갖고 있기 때문에 배급전략을 세밀하게 진행할 수 있어야 한다. 세 번째, 마케팅 노력의 영역은 주요 미디어에 홍보, 광고하는 현상 등과 최근 부각되고 있는 온라인에서의 관객과의 소통을 살펴보면서 사례를 적용, 그 성공요인을 탐색해 보았다.

다큐멘터리 영화와 관련한 서적, 연구논문들, 신문이나 잡지의 기사들을 통해서 기본 분석틀을 정리했고, 두 사례와 관련한 구체적인 자료는 여러 매체들에 실린 기사를 참고했다. 인터뷰는 사례영화의 감독과 제작자, 투자와 배급에 참여한 담당자들과 진행하였는데, 〈님아, 그 강을 건너지 마오〉엔 진모영 감독, 한경수 프로듀서, 대명문화공장 김승현 파트장, 배급투자와 마케팅을 담당한 CGV아트하우스 팀 2명이 참여했고, 〈두 개의 문〉엔 김일란 감독, 이혁상 감독 및 프로듀서, 배급을 담당한 시네마 달의 김일권 대표가 각각 참여했다. 2017년 5월 10일부터 6월7일까지 약 한 달 동안에 걸쳐 1:1 대면 또는 이메일로 이루어졌다. 이들과의 인터뷰 또한 리트만과 콜의 세 가지 구분 안에서 이루어졌는데, 인터뷰를 함으로써 매체에 실리지 않았던 구체적인 전략들을 알 수 있었으며, 그들의 인터뷰는 내용전개에 필요한 경우에만 이 책에 실었다.

2. 사례 1). 님아, 그 강을 건너지 마오

〈님아, 그 강을 건너지 마오〉는 2014년 11월 27일 개봉, 총 806개 스크린에서 상영되면서 관객 480만 명에 수익 375억 원을 기록했다. 당시 컴퓨터그래픽의 화려한 기술과 변신의 귀재들인 영화배우들의 활약이 주 무대인 영화관에서 소박하고 지고지순한 이 노인들의 사랑이야기는 관객을 감동시켰다. 이후 영화계에서도 저예산영화와 독립영화분야에서의 상업적 성공의 예로 자주 등장하면서 '아트버스터'(아트+블록버스터)라는 용어가 등장하는데 일조를 하였다. 필자는 이 영화의 사례로 다큐멘터리영화의 성공요인을 뽑아보고자 한다. 너무나 로또 같은 흥행신화였지만, 이전 2009년 비슷한 예로 〈워낭소리〉의 경험도 있고, 다큐멘터리영화가 상업적 성공을 하기 위해서 이 영화의 과정이 주는 요인을 분명 살펴볼 필요가 있다. 이제는 다큐멘터리영화도 상업적 성공의 강을 건너갈 필요가 있기 때문이다.

(1) 창조적 영역(Creative Sphere)

1) 스토리의 힘

〈님아, 그 강을 건너지 마오〉는 강원도 횡성군에 살고 있는 죽음의 문턱 앞에 있는 두 노인 부부의 사랑과 죽음을 다뤘다. 두 노인이 삶에서 보여주는 서로에 대한 사랑은 현실에서는 찾아보기 힘들 정도로 극진함을 보여준다. 10대 후반에 만나 90세에 이르도록 함께 해로한 이 부부의 감동적인 스토리는 중장년층을 영화관으로 몰려오게 하였고, 2,30대들에게도 '사랑의 판타지'로 매력적인 영화로 소구하였다. 진정한 사랑에 목마른 현대인의 감수성을 자극했던 것이다.

일반적으로 영화를 흥행하게 하는 요인에 '장르'가 포함된다. 여기서 장르라 함은 액션과 로맨틱 코미디 같은 것을 말한다. 다큐멘터리 영화에도 이 장르적 구분을 적용해본다면, 〈님아, 그 강을 건너지 마오〉는 휴먼멜로 다큐멘터리 영화라고 볼 수 있다. 계운경(2009)은 〈님아, 그 강을 건너지 마오〉는 멜로드라마의 형식을 만나 대중성 확보에 기여했다고 한다. 관객에 외면받기 일쑤인 다큐멘터리를 멜로드라마와 결합시키면서 대중의 관심을 얻는데 유리하게 작용했다는 것이다. 먼저 노년의 사랑을 선택한 것을 꼽는다. 노년영화는 자연스레 늙음에 따른 건강과 죽음의 문제가 갈등의 요인으로 설정되는 경우가 많은데, 이는 인간의 늙음과 나이 듦에 대한 문제제기로 우리 사회에서 소외되어 온 노년담론을 공공의 장에 가시화하는데 기여했다. 아마 그런 흐름에서 이 영화는 기획되었을 것이다.

다큐멘터리 영화 〈님아, 그 강을 건너지 마오〉를 현실이 아닌 동화 같은 멜로드라마로 변모를 가능케 한 것은 이 영화의 서사구성이다. 계운경(2009)은 부부간의 '행복한 일상 시퀀스'로 시작되어 건강악화와 가족 간의 싸움의 '갈등 시퀀스'를 지나 급기야는 '죽음 시퀀스'에서 죽음과 눈물의 서사가 주가 되는 결말로 구성되어 졌고, 또한 '낭만적 정서'를 강화시키기 위해서 다양한 '극 미학적 장치'가 사용되었다고 말한다. 순수한 '사랑','자연'의 풍경과 소리, 과거에 대한 '향수'를 관통하는 낭만적 정서는 멜로드라마에 더욱 가까워지도록 촉매제 역할을 했고, 마지막으로 죽음을 상기시키는 사건들과 눈물장면이 반복되면서 최루성 멜로드라마의 완결로 이어졌다고 한다. 이러한 과정은 관객이 두 노인부부의 삶에 감정이입하고 몰입, 동화되게 하여 관객의 욕망을 충족시킴으로써 마침내 대중성의 확보에 기여한 것이다. 진모영 감독은 또한 인물의 캐릭터가 관객들을 압도했다고 말한다.

"캐릭터라고 하는 것이 이야기의 가능성을 여는데 있어 50%이상을 잡는다고 생각해요. 리얼한 현실의 세계를 표현하는 데 있어 아주 중요하다고 생각합니다. 얼마나 감정이입을 할 수 있고, 얼마나 사랑스러운지, 출연자가 갖는 힘은 매우 큰 것 같아요. 특히 이런 류의 다큐멘터리는 인물의 캐릭터가 흥행의 요소에 중요하게 작동하는 것 같습니다."

(진모영 감독 인터뷰)

이러한 서사적 구조는 오히려 관객들에게 다큐멘터리라는 장르를 잊게 만들었고 아주 단순한 스토리로, 보편적이고 깊은 사랑의 메시지를 전달하는데 성공하게 한 것이다. 이 영화 배급 투자를 결정한 CGV아트하우스 담당자는 그 배경을 이렇게 말했다.

"투자하는 입장에서, 콘텐츠가 대중적이냐, 시대흐름에 맞느냐 라는 부분을 가장 크게 본다. 한국영화시장에서 멜로는 죽었는데, 이게 멜로였고, 게다가 실화였다. 또한 나이 드신 분들의 삶이 충분히 무게감 있는 카타르시스가 있었다. 스릴러나 액션장르가 넘치는 상황에서, 이런 진정성 있는 최루성 멜로영화가 관객들에게 오랜만에 어필할거라고 생각했다.” (CGV 아트하우스 담당자)

또한 〈님아, 그 강을 건너지 마오〉는 관객들에게 주는 메시지가 다양하게 포함되어 있었다. 남녀노소 할 것 없이 보편적 정서를 공감하는 감동적 메시지가 담겨 있는 것이다. 고향을 떠난 이들이 그리워하는 많은 것들이 영화 속에 담겨 있었다. 1년4개월 여 동안 강원도 횡성군에 있는 작은 집을 비롯, 장작이 이글거리는 아궁이, 모락모락 김이 나는 가마솥, 옥수수를 구워먹는 화롯가 등이 등장해 시골생활에 대한 그리움과 향수를 느끼게 했다. 평소 극장을 잘 찾지 않던 노년층 관객이 개봉초기부터 〈님아, 그 강을 건너지 마오〉에 몰리기 시작했다고 한다(영진위보고서, 2014)

또한 관객들은 이 부부의 삶으로부터 현실과 대비되는 강한 메시지를 얻었다. 은행을 정년퇴직한 66세 남성은 “지금 세상에서 보기 어려운 순애보”라며 “해로하는 사람들도 결국 헤어질 수밖에 없지만, 그래서 함께 하는 동안 더 사랑해야겠다는 마음이 생겼다”고 했다. 62세의 주부는 “사랑하며 사는 부부가 얼마나 될까, 다들 자식 키우느라 정신없이 사는 줄 알았다”며 “할아버지 할머니를 보니 미우나 고우나 남편밖에 없단 생각이 들었다”고 했다.

중·장년 관객들은 할아버지의 죽음을 더 ‘현실적’으로 받아들이는 듯 했다. 58세 고등학교 교직원(여)은 “남의 이야기가 아니구나, 나에게도 닥칠 그 상황을 어떻게 준비해하고 맞아야 할지 고민돼 친구들과도 얘기했다”고 말했다. 65세 자영업자(남)는 “황혼 이혼이 빈번한 때에 본보기가 된, 시대가 필요로 하는 영화”라고 했다(동아일보, 2014).

극적인 스토리텔링의 구조와 보편적인 주제와 메시지는 관객들을 극장을 찾아오게 만드는 흥행요인이었다.

2) 감독과 프로듀서의 역량

〈님아, 그 강을 건너지 마오〉는 2011년 KBS1TV 〈인간극장-백발의 연인〉이라는 제목으로 방영이 되었던 소재이다. 이 프로그램에서 보여지는 보편적인 소재와 극적인 스토리텔링의 소위 〈휴먼 다큐멘터리〉라는 장르는 TV에서 시청률을 보장해 주는 장르이다. 이 프로그램을 제작해온 제작자와 PD들은 십 수 년간 이 장르를 제작하면서 시청자가 좋아하는 소재와 이야기 방식이 무엇인지 체득해왔다. 〈님아, 그 강을 건너지 마오〉의 진모영 감독은 이런 TV휴먼다큐 PD출신이다.

6mm디지털 카메라가 보급되면서 방송계에서는 외주 독립PD들이 소위 휴먼다큐멘터리 장르에 경쟁력 있는 제작방식을 구축해 가고 있었다. 가벼운 장비로 인한 1인 제작 시스템, 밀착적 영상촬영, 작가주의적인 역량과 쌩 리얼에 가까운 휴먼스토리로 이어지는 제작방식은 TV에서 시청률을 보장해주는 방식으로 자리잡았다. 이러한 제작방식의 프로그램을 제작해 온 진모영 감독은 그 경험과 역량을 이 영화에 쏟았다. 영화라는 매체로 새로운 시도를 하면서 제작시스템에 고민이 있었지만 원래 리얼한 휴먼스토리를 낳게 한 그 방식을 고집했다.

> "다큐멘터리를 다른 사람이 촬영하게 하는 게, 맡기는 게 맞는 것인가 고민이 있었다. 특히 이런 장르는. 현장에서 상황은 막 벌어지는데 2~3명의 촬영감독들과 찍으면 물론 현장 모두를 담긴 하겠지만... 조그만 집에 스탭들 우글거리는 상황에서, 출연자들이 속에 있는 이야기를 하겠나 .. 또한 붐마이크도 써봤다. 사운드도 좋고, 그림도 좋지만, 그게 그렇게 의미가 있겠나, 그렇지 않더라. 이 사람들의 삶의 본질로 확 들어갈 수 있는 걸 선택하고 얻는 게 맞다고 생각했다" (진모영 감독 인터뷰)

〈님아, 그 강을 건너지 마오〉의 성공은 이 시장에 새로운 인력이 등장, 새로운 역할이 이루어지면서 가능했다고 볼 수 있다. 이러한 TV휴먼다큐PD들의 등장은 대중성확보를 통한 다큐멘터리영화의 상업적 성공의 가능성을 보여주고 있다. 진모영 감독처럼 영화연출을 책임지는 감독의 등장과 함께 프로듀서의 등장이 있었다. 한경수 PD는 이 영화의 프로듀서이다. 〈님아, 그 강을 건너지 마오〉에서 한경수 프로듀서의 큰 역할은 국내외 영화제에 참여하여, 제작비를 일부 펀딩 받거나, 제작비를 펀딩 받지 못해도 그 영화제에 참석한 전 세계의 배급사들과 투자자들을 만나 홍보하고 네트워크를 형성했다. 그리고 영화적 완성도를 갖추기 위해 편집자와 사운드 등 기술적 관계자 등의 스탭을 구성하고 실행했고, 국내에서도 민간기업 투자자를 유치한 일과 대형배급사를 파트너로 만들었다.

한경수 프로듀서는 암스테르담국제영화제에서 피칭을 해 제작지원 받는 데 성공했다. 영어를 잘하는 능력자였던 한 프로듀서는 이후 국제공동제작의 프로듀서로써 종횡무진하며, 네트워크를 쌓아갔고, 현재 많은 다큐멘터리 제작센터에서 그 노하우를 강의하고 전파하고 있다. 한경수 프로듀서는 이 과정에서 쌓은 노하우를 〈님아, 그 강을 건너지 마오〉의 제작지원프로젝트에 적용, 목표한 성과를 거두었다. 재단법인인 방송콘텐츠진흥재단(BCPF) 제작지원작에 선정되어 제작비를 지원받게 되었다. 그리고 제5회 DMZ국제다큐영화제에 참가, 상영하여 동시에 전회매진을 기록, 관객상을 수상했으며, 또한 제작지원작에도 선정이 되었다. 해외영화제에도 참가하여 프랑스의 다큐멘터리 전문배급사 '캣 앤 독스'와 전 세계 배급계약을 체결하기도 했다. 진모영 감독은 이러한 과정을 거치면서 영화가 공식화되었다고 말한다.

> "영화제 지원이 결정되는 순간 영화가 픽스된다. 깃발이 딱 서는 거다. 다큐멘터리는 저예산인데다 비인기종목이라서 안 볼 거라고 생각해서 펀딩이 안되요. 그런데 여기서 펀딩이 되었다면 가는 것이 결정되는 거 에요. 그렇지 않으면 언제든지 엎을 수 있는데, 이젠 그만할래가 잘 안되죠. 돈을 받았으니..이게 오히려 압박 장치이고, 반드시 성과로 만들어 내야 하는 거죠. 그리고 여기서 크레딧이 생겼으니, 더 지원이 생길 수도 있고.."
>
> (진모영 감독 인터뷰)

3) 제작비 확보

〈님아, 그 강을 건너지 마오〉는 2013년 제5회 DMZ국제다큐멘터리 영화제에서 신진 제작지원작으로 선정, 제작비 1,000만원을 받았다. 그리고 암스테르담 국제다큐멘터리영화제에서 제작비를 일정 펀딩 받게 되었다. 〈님아, 그 강을 건너지 마오〉는 세계시장에 내 놓겠다는 계획에 맞게 국내개봉이 결정되기 1년 전에 이곳에서 만난 프랑스의 다큐멘터리 전문배급사 '캣 앤 독스'와 전 세계 배급 계약을 체결했고, 이 영화제에 참여함으로 사전 마케팅과 스토리텔링 개발 및 구축에도 도움을 받을 수 있었다. 물론 상영 후인 지금도 덴마크 국영방송 DRTV에 방영권을 판매했는데 이것도 영화제 참여를 통해 알려지고 구축된 네트워크 덕분이다. 또한 이 영화는 국내에서 DMZ국제다큐멘터리 영화제에 참여해 제작비 지원을 받는데 성공했다. 게다가 이곳에서 〈님아, 그 강을 건너지 마오〉는 투자자를 만날 수 있게 되었다. DMZ국제다큐멘터리 영화제를 후원하고 있던 대명문화공장은 〈님아, 그 강을 건너지 마오〉가 영화제에서 전회매진을 하며 관객상을 수상한 것에 주목했다. 투자를 결정한 대명문화공장 관계자는 이렇게 설명한다.

> "후원사로서 영화제에 소개됐던 영화들을 접하게 되었는데 그때 이 영화를 알게 된 거죠. 사실 상업영화를 투자하는 투자전문회사로서 다큐멘터리영화에 투자하는 게 쉽지 않았다. 돈을 벌어야 하니까요..그런데 이 영화는 다큐멘터리라는 생각을 안 하게 만드는 작품이었다. 이것을 기획서로 본게 아니라 17분 분량의 영상트레일러를 봤는데, 이걸..반했죠..그대로 사장님에게 보고, 바로 오케이.. 이게 보편적인 소재들...삶, 죽음, 사랑이 있는데, 한국사람들 제일 민감한게 사랑이에요. 그런 부분들을 긁어줄 거라고 생각했어요."
>
> (대명엔터테인먼트 김승현 파트장)

대명문화공장의 투자 참여는 단순히 제작자에게 제작비가 더 생긴다는 의미 이상의 것이 되었다. 당시 투자를 담당했던 실무자는 이 영화의 성공에 결정적인 역할을 했다고 자부하고 있었다.

"저희가 엄청 많이 미쳤다고 보죠. 스스로 자부하고 다녀요.

일단 환경을 다른 환경으로 만들었어요, 구조 자체를.. 다큐멘터리작품의 일반적인 수익 구조들,, 즉 다큐멘터리전문배급사를 만나서 극장에서 조금 벌고 어디서 조금 벌고 해외에서 조금 벌고 그런 통상적인 과정들이 있는데, 이 영화는 그런 통상적인 공식을 넘어섰는데 거기에 우리의 참여가 결정적이죠. 저희가 투자를 하면서 다큐멘터리를 상업영화화 했다고 할까요? 완전 상업영화화는 아니어도 그 중간정도로 구조를 바꿨다는..이런 부분에 있어서는 큰 역할을 했다고 봐요" (대명엔터테인먼트 김승현 파트장)

대명문화공장은 2010년 개봉한 영화 '내 사랑 내 곁에'를 시작으로 영화 투자 사업을 시작했지만 다큐멘터리영화에 투자하기는 처음이다. 단순투자로 당시 좋은 성과를 올리고 있었는데, 이 영화에는 메인투자를 결정했다. 영화투자 사업을 진행하면서 메인투자사업에 욕심이 있었는데 이 영화가 적격이라는 판단을 했다고 한다.

"당시 회사에서는 조만간 메인투자를 해보자는 계획이 있었는데 이 영화로 결정을 한거 에요. 상업영화는 규모가 너무 크기 때문에 부담스러웠고, 좀 코스트가 적은, 독립영화나 다양성영화에 해보자고 기획 보고 있었는데, 다큐멘터리도 나쁘지 않으니까 그런 상황에서 잘 맞았어요" (대명엔터테인먼트 김승현 파트장)

다큐멘터리영화는 촬영을 시작했지만 제작비가 없어 진행을 중단하거나 오롯이 제작비의 문제로 제작기간이 길어지는 경우도 많다. 감독을 비롯한 제작진들은 제작 도중에 생계를 이어가기 위해, 또는 제작비를 충당하기 위해 아르바이트를 하는 경우가 많기 때문이다. 〈님아, 그 강을 건너지 마오〉의 순제작비는 1억 2천만 원이었다. 이중 1억을 대명문화공장에서 투자받아 제작을 진행한 것인데, 이 금액은 제작스태프들이 안정적으로 작품에 몰두할 수 있는 제작비에 오롯이 사용되었다.

(2) 배급유통의 영역(Distribution-scheduling, release pattern)

1) 배급사 역량

기본적으로 영화는 얼마나 많은 스크린을 확보하느냐가 흥행의 관건이다. 흥행요인인 '스크린 수'는 여러 요인 중에 가장 강력한 요인으로 꼽히기도 한다. 경쟁이 치열해질수록 관객의 접근성이 중요해졌고, 관객들 또한 이 스크린 수를 믿고 보는 요인으로 여기고 있다. 메인투자사인 〈대명문화공장〉이 배급사로 〈CGV아트하우스〉를 선택한 것은 이 스크린 확보 때문이다.

메인투자사 대명문화공장은 완성된 최종 편집본을 가지고 배급사들을 초대, 작은 영화관에서 시사회를 열었다. 메인투자사의 중요한 결정 중의 하나가 투자배급사를 결정하는 일인데, 대명문화공장은 〈님아, 그 강을 건너지 마오〉의 배급사로 CGV아트하우스를 선택했다. 대명문화공장의 김승현 파트장은 선택의 이유를 이렇게 설명한다.

> "CGV아트하우스는 일단 예술영화, 다양성영화를 표방하잖아요. 그게 잘 맞았어요. 〈님아~〉도 다큐멘터리영화로서, 그런 계열에 들어가니까..그리고 영화를 극장으로 뿌려야하는데, CGV아트하우스는 CJ계열이기도 하니까, 극장을 많이 열 수 있을 거라는 긍정적인 가능성을 본 거죠. 아트하우스 전용관도 전국적으로 30개 이상 되는데다가, 더욱이 영화가 잘 되면 CJ계열사 혜택을 받아 더 스크린을 확보할 수 있는 거고, 그런 면에서 배급력이 좋다고 본거에요"

CGV아트하우스는 현재 한국에 대형배급사에 속한다. CJ E&M, 롯데엔터테인먼트, 쇼박스, 넥스트엔터테인먼트에 이어 5위에 속해 있다(일반적으로 CGV아트하우스는 CGV의 독립·예술영화전용스크린으로 알려져 있다. CGV의 독립·예술영화전용 스크린 사업은 2004년 '인디영화관'이라는 이름으로 시작된 이래, '무비꼴라쥬'를 거쳐 10여년 넘게 이어져오고 있다). CJ E&M, 롯데엔터테인먼트 등 대형배급사도 있지만 많은 상업영화 라인업을 갖고 있는 그들보다는 아트영화를 표방한 CGV아트하우스가 적격이었다고 판단한 것이다. 게다가 당시 CGV 아트하우스도 예술영화전용관이라는 극장사업에서 투자배급으로 사업을 확장한 상황에서 다양성영화를 통한 흥행을 노리고 있었던 터라 〈님아, 그 강을 건너지 마오〉가 초기 흥행기대작으로 나쁘지 않다고 판단했다. 배급담당자들은 관객들과 가장 가까운 접점에 있기 때문에 관객의 관람성향을 누구보다도 잘 알고 있었고, 또한 무엇보다도 시장 중심의 판단으로 투자 의사결정을 했다. 당시 투자배급을 결정한 CGV아트하우스 담당자는 이렇게 설명한다.

> "투자하는 입장에서, 콘텐츠가 대중성과 시대흐름에 맞느냐라는 부분을 가장 크게 본다. 일단은 개인적으로는 나이 드신 분들이 나오는 영화에 대한 시장성은 분명히 있다 라고 생각했다. 한국영화시장에서 멜로는 죽었는데 그런데 이게 멜로였고, 게다가 실화였다. 또한 나이 드신 분들의 삶이 충분히 무게감 있는 카타르시스가 있었다. 흔히 말하는 울리는 영화, 신파가 요 근래에 없었다. 스릴러나 액션장르가 넘치는 상황에서, 이런 장르를 내밀면 관객들에게 오랜만에 다가서는 영화가 아닐까라고 생각했다. 충분히 설득력 있다고 생각했다." (CGV아트하우스 담당자)

CGV아트하우스는 시장점유율이 높은 배급사다. 배급사파워는 시장구조와 관련된 전형적인 사례다. 시장점유율이 높은 배급사는 점유율이 낮은 배급사에 비해 상영관관계에서 상대적으로 높은 협상력을 가지게 되며 그 결과 상영관의 수를 많이 확보할 수 있다(장병희, 2015).

〈님아, 그 강을 건너지 마오〉는 개봉 첫날, 무려 186개 스크린으로 시작했다. 일주일 내내 200개 가까운 스크린을 유지하다가 259개(12월6일)에서 465개(12월 11일) 껑충 뛰더니 개봉 18일 만인 12월 14일엔 806개로 늘어났다. 주로 CGV와 롯데시네마를 중심으로 상영되었다(서울신문, 2014). 스크린 수 확대는 막대한 비용이 필요하다. 대부분 배급사는 투자도 함께하여 일명 투자배급사로 불린다. 배급하는 필요한 비용이 발생하는데 P&A(Print & Advertisement) 즉, 상영관마다 적용되는 필름을 프린트하는 비용과 광고, 홍보비용을 말한다. 상영관이 많아질수록 이 비용은 막대해지고 이걸 감당해야 할 배급사 또한 그만큼의 역량을 갖고 있어야 한다. 특히 최근 동시에 전국의 상영관에서 개봉하는 와이드릴리즈(Wide-Release, 광역개봉)방식이 흥행의 필수로 행해지고 있기 때문에 더더욱 역량 있는 배급사가 흥행요인로서, 중요한 역할을 하고 있다. 배급사 또한 아무 영화를 배급하진 않는다. CGV아트하우스는 다양성영화전용관을 운영해오다가(무비 꼴라주에서 이름이 바뀜) 2014년도에 중소영화에 투자와 배급을 시작했다. 14년도에 '님아, 그 강을 건너지 마오'와 함께 성공했던 중소영화인 '도희야','한공주' 또한 CGV아트하우스가 투자 배급한 영화다. CGV는 투자배급에 매우 다양한 영화를 선택하고 있고, 흥행예측에 따른 투자결정은 자체적으로 판단하며 진행하고 있다. 〈님아, 그 강을 건너지 마오〉는 그런 시스템으로 CGV아트하우스가 투자배급을 시작할 때 선택된 영화였던 것이다.

CGV아트하우스는 〈님아, 그 강을 건너지 마오〉를 매우 대중성 있는, 온 가족이 따뜻한 감동을 느낄 수 있는 영화로 성격을 규정한 만큼, 관객의 폭을 넓게 잡아, 개봉사이즈를 크게 잡는 전략을 선택했다.

"님아는 시장에서는 이 포텐셜을 잘 알아주지는 않지만 우리는 최대한 스크린을 확보하는 것이 배급전략이었어요. 때로는 작은 영화는 일부러 아트하우스와 일부 플러스만 가겠다 알차게, 이영화의 사이즈는 이 정도다~ 라고 잡는데, 이 영화는 타깃자체가 일단 넓다~ 라는 판단하 에 무조건 멀티를 최대한으로 잡는 게 목표였어요."

(CGV아트하우스 배급 담당자)

"개봉하고 생각해보면, 한참 유행하던 것들이 그린라이트, 썸..이런 요즘에 사랑을 하기 이전에 젊은 사람들은 많이 잰다..진실한 사랑이 있겠어? 썸과 그린나이트가 새로운 연애로서 용어들이 오갈 때 그런 재는 것 없이 진실로 사랑하는 사람들이 있구나 라는 것이 감동코드로 다가갔다. 어떻게 보면 이건 판타지다. 한사람과 그렇게 오래 살면서 그런 생을 마감한다는 것은..저는 일종의 판타지라고 생각하는데 그 부분을 건드려주지 않았나 생각해요"

(CGV아트하우스 배급 담당자)

〈님아, 그 강을 건너지 마오〉를 매우 대중성 있는, 남녀노소를 막론하고 모두에게 어필할 수 있는 영화로 성격을 규정한 만큼, 관객의 폭을 넓게 잡아, 개봉사이즈를 크게 잡는 와이드릴리즈(Wide-Release)전략을 선택했다. 또한 큰 상업영화까진 아니지만 일반 독립영화보다는 P&A 규모를 크게 잡았다. 그러나 확보한 스크린과 P&A비용을 어느 시점에 어느 정도를 사용해야 할지는 신중하게 접근했다. 모니터링 시사와 언론배급시사를 통해 관객들이 작품의 가치를 구체화시켜주어 입소문을 내기를 기다리며, 〈님아, 그 강을 건너지 마오〉는 186개 스크린으로 개봉했다. 예상한대로, 첫 주는 반응이 뜨겁지 않았다. 일주일 내내 200개 가까운 스크린을 유지하다가 개봉2, 3주를 거치면서 259개에서 465개로 확대되었고, 개봉 18일 만인 12월 14일엔 806개로 늘어났다. 이미 여러 멀티플렉스에, 성공에 대한 확신을 설득하며 확보했던 스크린을, 지속적으로 열어 나갔다. 스크린 확대는 막대한 비용이 필요하다. 상영관이 늘어날 때마다 발생하는 P&A 비용을 미리 준비해놓고 있었던 터라 적극적으로 증액하며 투자했다. 시사회와 마케팅을 통한 입소문이 그 효과를 발휘하면서 드디어 12월11일부터 일주일간 박스오피스 1위를 차지하게 되었다.

〈님아, 그 강을 건너지 마오〉의 흥행 이후 대형 배급사들이 다큐멘터리영화 기획 단계부터 함께하거나 투자배급에 뛰어들고 있다. 2015년도에 개봉한 다큐멘터리영화 〈기적의 피아노〉와 〈춘희막이〉는 각각 롯데 엔터테인먼트와 메가박스와 엣나인 필름 공동배급투자를 이룬 바 있다. 〈님아, 그 강을 건너지 마오〉와 〈춘희막이〉의 프로듀서인 한경수 PD는 "〈님아〉 이후로 투자배급사들이 다큐멘터리 영화도 잘될 수 있다는 가능성을 보기 시작한 것 같다"며 "다큐멘터리 영화는 제작비가 적게 들기 때문에 20만~30만 정도의 관객만 들어도 대흥행이라 투자 부담도 적다"고 말했다(경향신문, 2015). 대형배급사와의 파트너십은 중소배급사들의 활로를 막고 있다는 측면도 있으나, 다큐멘터리영화도 오로지 작품의 힘으로 대형배급사와 파트너십을 가질 수 있고, 또한 그 결과로 얻어진 성과 경험으로 보편성과 대중성을 더 강화하여 일반관객들에게도 사랑을 받을 수 있는 외연이 확장된다는 측면 또한 간과하지 말아야 할 것이다. 그리고 대형배급사와의 파트너십은 다큐멘터리영화의 상업적인 성공엔 필수불가결한 요소이기도 하다.

2) 개봉시기

배급에서 가장 중요한 일이 바로 개봉일의 선정이다. 최적의 개봉일 선정은 영화가 갖고 있는 성격과 경쟁작의 분석을 통해 이뤄진다. CGV아트하우스는 앞서 언급한 것처럼 〈님아, 그 강을 건너지 마오〉를 모든 사람이 볼 수 있는 따뜻한 영화이고, 장르적으로는 멜로영화라고 포지셔닝 했다. 그리고 보통 멜로 장르가 소구하는 전형적인 겨울 시즌을 선택했다. 그러나 겨울시즌은 방학과 크리스마스가 맞물려 대형영화들이 포진하는 시기다. 이러한 수요가 급격히 증가하는 시기는 대규모 자본이 들어간 대형영화들이 개봉되어 오히려 소규모의 영화는 피해야 한다는 정설이 있다. 당시 겨울은 11월 〈인터스텔라〉, 12월 〈국제시장〉이 포진되어 있는 시기였다. 〈님아, 그 강을 건너지 마오〉는 작은 영화로서 영화가 가지고 있는 주요요소의 매력도는 부족해 초기 관객 집중력은 약할 수 있었다. 그러나 시사회를 통해 영화자체의 만족도, 추천도가 강하다는 것을 파악했고, 시간이 지날수록 입소문을 타고 관객의 증가폭이 확대될 것으로 판단했다. 〈님아, 그 강을 건너지 마오〉는 오히려 차별화된 영화의 성격으로 대형영화시장의 틈새를 공략하기로 하고 12월보다 조금 앞선 11월말로 개봉일을 최종 선정했다.

> "처음엔 12월초로 생각했다. 우리 영화도 포텐셜이 있기 때문에 본격적인 12월 중순보다는 좀 일찍 가서 길게 갈수도 있다고 생각했어요. 근데 11월말로 당겼어요. 왜냐면 12월초가 본격적으로 시즌이 시작하기 2주전인데 이때는 12월 중순에 가는 본격적인 영화들의 광고시즌이에요. 광고물량들이 쏟아져 나오게 되면 저희 같은 영화들은 가리거든요. 그래서 더 당겨서 11월말로 선택한 거죠." (CGV아트하우스 배급 담당자)

그리고 사회적분위기도 관람몰이에 영향을 주었다는 의견이 많다. 62세의 주부는 "사랑하며 사는 부부가 얼마나 될까, 다들 자식 키우느라 정신없이 사는 줄 알았다"며 "할아버지 할머니를 보니 미우나 고우나 남편밖에 없단 생각이 들었다"고 했다. 65세 자영업자(남)는 "황혼 이혼이 빈번한 때에 본보기가 된, 시대가 필요로 하는 영화"라고 했다(동아일보, 2014). 〈님아, 그 강을 건너지 마오〉는 현실에선 있을 수 없는 지고지순한 사랑이야기가 특히 2~30대에게 감동을 주었고, 중장년층에겐 부부간의 사랑을 돌아보게 하는 계기가 되면서, 인스턴트식 사랑과 이혼의 증가, 가족의 해체 같은 현 시대의 세태를 강하게 건드렸다고 볼 수 있다. 조흡(2015)은 사회적 변화에 따른 가정의 파편화와 재구성이 불가피한 현실로 다가오고 있지만, 그런 상황에서도 우리가 전통적이면서 보편적 가치로 설정했던 사랑과 친밀성을 포기하는 가족관계는 상상할 수 없음을 이 영화가 보여주고 있다고 했다. 현대인들이 갖지 못하는 그러면서도 강하게 그리워한 그 보편적 가치가 필요했음을 관객들에게 다시 한번 확인시켜준 계기가 된 것이다.

(3) 마케팅 노력의 영역(Marketing Effort)

1) 영화제 성과

〈님아, 그 강을 건너지 마오〉는 현재(2016년)까지 총 24개 국내외 영화제에 초청, 상영됐다. DMZ국제다큐멘터리영화제와 제16회 올해의 영화상을 제외하곤 전부 해외 국제영화제거나 유수의 세계 다큐멘터리 영화제였다. 그 중 진모영 감독은 세계 최대의 다큐멘터리 영화제로 손꼽히는 제22회 핫 독스 국제다큐멘터리영화제(Hot Docs Canadian International Documentary Festival)와 제21회 로스앤젤레스영화제(LA Film Festival), 제64회 멜버른국제영화제(Melburne International Film Festival)등에 초청받았고, 스위스 니옹의 비전 뒤 릴(Visions du Reel)과 핫 독스에서는 관객상을, LA영화제와 모스크바영화제에서 다큐멘터리 대상과 관객상을 수상했다. 〈님아, 그 강을 건너지 마오〉가 거머쥔 트로피 수는 총 10개다.

기본적으로 상영 전 영화제수상은 제작비확보에 도움을 주며 안정된 제작시스템을 가능케 하고 그 결과로 완성도 있는 영화를 제작할 수 있게 한다. 〈님아, 그 강을 건너지 마오〉에도 물론 이런 모습이 보여 졌다. 그러나 〈님아, 그 강을 건너지 마오〉를 통해 다큐멘터리 영화계에서 눈여겨 봐야할 부분은 해외배급이다. 앞서 언급했지만 〈님아, 그 강을 건너지 마오〉는 프랑스의 다큐멘터리 전문 배급사 '캣 앤 독스'와 전 세계 배급계약을 체결했고, 덴마크 국영방송 DRTV에 방영권을 판매했다. 광저우 국제영화제에서는 중국 측 배급사와의 구체적인 미팅도 이뤄졌고 조만간 성과가 나온다는 언론의 보도도 있다. 세계시장에서 한국다큐멘터리의 진입이 서막을 열었다. 보편적인 메시지와 함께 이국적인 문화의 특징이 살아 있는 스토리가 통하는 세계시장에서 한국다큐멘터리영화는 경쟁력 있는 문화콘텐츠로 자리잡아가고 있다.

〈님아, 그 강을 건너지 마오〉의 진모영 감독의 차기작 〈마린 보이〉(2018) 또한 20회 부산국제영화제 아시아영화펀드 2015 다큐멘터리제작지원 부문에 선정되었다. 다큐멘터리영화 제작비는 많이 소요되지 않기 때문에 수상금도 제작비에 많은 보탬이 될 뿐 아니라 수상을 통한 해외홍보는 해외 유수한 배급사와 방송사에 판매가 되는 결정적인 역할을 하고 잇는 것이다. 그리고 해외시장을 개척하는 이러한 도전들은 한국다큐멘터리영화 제작자들에게 영화제작을 지속적으로 할 수 있는 여건을 만들어주고 있다.

2) 홍보, 마케팅(미디어회자, SNS마케팅)

〈님아, 그 강을 건너지 마오〉는 마케팅전략을 수립하는데 있어서 핵심관객을 20대로 설정하였다. 물론 대부분의 영화는 20대 초반에서 중반의 여성을 핵심관객으로 한다. 그러나 장르나 배우, 스토리 등의 핵심요소에 따라 가장 소구력이 높은 계층이 있게 마련이다. 마케팅적으로 보면 핵심관객은 영화에 대한 소구력이 높아 가장 먼저 구매의사가 있는 계층인 동시에 영화수용력이 높아 영화 관람 후에도 적극적인 입소문 활동의 역할을 하는 층이다. 〈님아~〉는 언뜻 보면 중장년층을 타깃으로 하는 게 자연스러운 핵심관객으로 보이지만, 그러나 CGV아트하우스 마케팅팀은 핵심관객을 20대로 잡았다. 담당자는 이렇게 설명한다.

> "저희는 많은 사람들이 너희 타깃을 왜 그렇게 잡았어?라고 할 정도로, 20대를 타깃으로 잡았다. 이 영화를 일종의 판타지로 보게 하자. 사랑의 판타지..요즘 20대들의 연애는 썸과 그린라이트등 인스턴트로 지쳐있다. 한사람과 그렇게 오래 살면서 생을 마감하는 진실한 사랑이 있다는 걸 보여줄 때 굉장히 감동적으로 다가갈 수 있다고 생각해서, 2,30대를 타깃으로 했어요" (CGV아트하우스 마케팅 담당자)

20대 타깃은 무엇보다도 노인을 소재로 한 영화에서 관객확장을 하는데 아주 주효했다. 노인이 출연한다고 해서 처음부터 중장년층을 대상으로 관객을 설정하면 전체 영화규모가 작아져버릴 수 있었기 때문이다. 마케팅팀은 이미 DMZ영화제에서 영화 상영 시 나이 드신 분들보다 20대들이 통곡하며 우는 모습을 보았다. 또한 모니터시사회에서도 20대 여성들의 반응이 가장 뜨거운 것을 확인했다. 이후 온라인에서의 모든 콘텐츠를 20대들을 대상으로 펼쳐나갔다. 예고편이나 홍보영상을 젊은 사람들 눈높이에 맞춰, 귀엽고 러블리한 사랑의 컨셉으로 제작, 배포되었다.

> "딱 봐도 할머니 할아버지 얘기인데, 이걸 중장년층 타깃으로 접근한게 아니라 20대 젊은 타깃층에 포커스를 맞춰서 접근했다는 부분이 성공요인 아닌가. 이렇게 보고 있어요. 어쨌든 영화관객을 최초로 움직이는 건 2,30대일 수 밖에 없어요."
> (대명문화공장 김승현 파트장)

개봉 한 달째 인 12월26일 CGV 인터넷 예매 누적 현황을 보면 〈님아〉를 관람한 관객의 49.7%가 20대로, 절반에 육박했고 30대도 26.4%였다. 10명의 관객 중 8명이 20~30대였다(경향신문, 2014).

〈님아, 그 강을 건너지 마오〉는 또한 여러 미디어를 통해 홍보활동을 펼쳐나갔다. 언론시사를 통해 직접 영화를 본 기자들은 더 많은 정보를 알아내기 위해 감독을 만나 인터뷰를 하며 신문과 방송, 인터넷 매체등에 기사들을 쏟아 냈다. 특히 영화가 개봉된 후에는 관객들의 실제반응과 흥행성적들이 더해져 잠재관객들에게 더욱 더 다가가는 역할을 하는데, 〈님아, 그 강을 건너지 마오〉는 점점 파급력이 커지면서 언론매체에 자주 언급되게 되었다. 특히 공중파 보도국 뉴스에 방송이 되면서 관객확장이 더 크게 이루어졌다고 담당자는 설명한다.

▌그림 3▐ SBS뉴스, 2014.11.30

"개봉 첫 주에 공중파 보도국 뉴스에 한번 나갔었어요. 그리고 3주차에 한번 더 나갔는데, 이게 굉장히 흥행을 더 끌어간 거 같아요. 2,30대들은 온라인을 통해 접하는데 나이 드신 분들이 뉴스를 통해 접하면서 영화에 대한 인지도가 생겼어요. 어른들은 뉴스에 나오는 영화니까, 요즘 유행하는 영화구나, 우리 또래가 보면 좋은 영화라며? 많이 본다며? 하면서 확장이 될 수 있었던 것 같아요. 그 뉴스에 나가고 나서"

(CGV아트하우스 마케팅 담당자)

게다가 준비했던 광고 전략도 실행했다. 홍보활동과는 달리 광고는 비용이 크게 발생하기 때문에 집행시기와 방법이 중요했다. 마케팅팀은 어느 정도 관객이 든 시점에서는 TV광고 그것도 공중파광고가 가장 효과적일 것이라고 판단했고, 이것을 실행했다. 이러한 홍보, 광고 전략은 효과적으로 관객을 공략했고, 이후 중장년층을 극장으로 끌어들여 관객몰이를 하는 데 성공했다.

〈님아, 그 강을 건너지 마오〉는 중장년층 관객들에게 고향에 계신 부모님을 떠올리게 했으며, 어릴 적 향수를 자극하게 하는 영화였다. 또한 부부간의 사랑을 돌아보게 하는 계기를 주었고, 더더욱 현실과 대비되는 강한 메시지를 주었다. 은행을 정년퇴직한 66세 남성은 "지금 세상에서 보기 어려운 순애보"라며 "해로하는 사람들도 결국 헤어질 수밖에 없지만, 그래서 함께 하는 동안 더 사랑해야겠다는 마음이 생겼다"고 했다. 62세의 주부는 "사랑하며 사는 부부가 얼마나 될까, 다들 자식 키우느라 정신없이 사는 줄 알았다"며 "할아버지 할머니를 보니 미우나 고우나 남편밖에 없단 생각이 들었다"고 했다. 중·장년 관객들은 할아버지의 죽음을 더 '현실적'으로 받아들이는 듯 했다. 58세 고등학교 교직원은 "남의 이야기가 아니구나, 나에게도 닥칠 그 상황을 어떻게 준비해하고 맞아야 할지 고민돼 친구들과도 얘기했다"고 말했다. 65세 자영업자는 "황혼 이혼이 빈번한 때에 본보기가 된, 시대가 필요로 하는 영화"라고 했다(동아일보, 2014).

〈님아, 그 강을 건너지 마오〉는 처음부터 관객확장을 염두에 두고 설정한 목표관객과 그에 맞게 온라인마케팅과 홍보, 광고 전략을 실행했다. 노인의 이야기를 영화의 가장 큰 소비층인 2,30대가 소구할 수 있도록 마케팅 포인트를 잘 잡았고, 관객을 확장하는데, 비용을 투입, TV광고를 실행한 과감한 전략이 성공요인이었다고 볼 수 있다.

3. 사례 2). 두 개의 문

〈두 개의 문〉은 2009년 서울 용산의 한 건물에서 경찰과 철거민들이 충돌, 경찰 특공대원 1명과 철거민 5명이 사망한 사건을 소재로 한 영화다. 사건이 발생한지 3년이 지난 2012년에 개봉되어, 정치사회적 소재를 다룬 다큐멘터리영화로는 이례적으로 7만의 관객이 들었다. 또한 당시 야당인 민주통합당에서 책임자처벌 및 진상규명 결의안을 발표하기에 이르렀고, 사건의 현장에 제발로 찾아오는 일반인들의 추모 또한 이어졌다. 묻혀져 있던 사건을 이 영화가 3년만에 다시 수면위에 오르게 한 것이다. 이 영화는 다큐멘터리영화계에 미학적성취와 사회적 담론을 함께 만들어 내는 성과를 보였다. 한국다큐멘터리영화의 액티비즘 전통을 이으면서도 변화하는 시대에 맞게 진화된 모습을 발견할 수 있는 〈두 개의 문〉을 통해 정치사회적 소재를 다룬 다큐멘터리의 성공요인을 찾아보고자 한다.

(1) 창조적 영역(Creative Sphere)

1) 스토리의 힘 : 강한 사회적 소재와 모두가 공감하는 메시지

강한 정치사회적 소재는 다큐멘터리 영화 제작자들에겐 매력적인 소재이다. 〈두 개의 문〉의 소재인 용산참사는 많은 국민들에게 아주 강한 인상을 남겼고, 이 영화는 용산참사를 다뤄, 개봉된, 첫 번째 영화였다. 영화를 제작한 김일란 감독은 〈연분홍치마〉라는 소수인권을 위한 단체의 일원인데, 구속된 철거민을 재판하는 재판정에서 모니터링 활동을 하다가 새로운 이야기를 발견하면서 이 사건을 영화화하기로 결정했다고 말한다.

> 재판에서 쓰이는 삐띠지들, 각종 영상들, 각종 증거자료들이 모두 다큐멘터리 소재였다. 또 목격자로 특공대원들이 나와 증언을 하는데, 그 증언들이 철거민한테 유리한 것들이 있었다. 철거민 현장에서 화염병을 못 봤다 라거나.. 이런 재판을 그대로 영화적으로 만든 다큐멘터리가 있으면 좋겠다는 생각을 했다. (김일란 감독 인터뷰)

또한 〈두 개의 문〉은 미학적, 영화적 완성도가 높은 영화였다. 우선 다큐멘터리 영화에 장르적 작법을 접목, 이전에 다큐멘터리 영화 구성에서 볼 수 없었던 제작양식을 시도했다. 현장에서 촬영된 각종 영상, 사건 당시 CCTV, 법정에서 녹음된 현장음, 특공대원들의 진술을 바탕으로 사건의 추이를 좇아가면서, 마치 하나의 드라마를 보듯 사건의 실체에 접근하도록 했다. 영화를 관람한 후 많은 비평가들이 제작양식에 관한 평을 쏟아냈다. 정지영 영화감독은 "유가족의 인터뷰 등이 아니라 용산참사 공판 증언 등으로 사건의 추이를 좇아가면서, 극영화를 보듯 사건 실체에 접근하는 독특한 작법을 보이고 있다"고 말했고(한겨레신문, 2012), 〈화차〉의 변영주감독은 "현장의 결연함을 보여주거나, 관객을 흥분시키거나, 경험치 못한 누군가의 삶을 엿보게 해 주는 다큐가 아니라, 당대의 역사를 해석해내고자 하는 시선에 관한 다큐"라고 했다. 이동연 한국 예술종합학교 교수는 분명 다큐멘터리 영화이지만, 재난영화나 스릴러 영화의 극적 긴장감을 느끼게 만들었고, 유가족의 동의 없는 시신 부검, 사라진 3천 쪽 분량의 수사기록, 삭제된 채증영상 등은 스릴러 영화의 문법을 따르는 듯했고(프레시안, 2012), 남인영(2009)은 기존의 한국다큐멘터리영화의 순차적 시간에 따라 사건을 기록하던 방식에서 벗어나 시간성을 일탈, 진실을 찾아가는 일종의 지적 게임이자 심리극을 보여주었다고 했다.

독립 다큐멘터리 계 연구에도 〈두 개의 문〉 제작양식에 대한 언급들이 계속되었다. 권은혜(2014)는 〈두 개의 문〉은 피해자인 유족이나 철거민을 영화의 주요 인물로 선택하지 않음으로써 전통적인 방식의 한국 독립 다큐멘터리의 경향과는 거리를 두며, 여러 아카이빙된 자료를 관련자들의 인터뷰를 가교로 재편집·재구성하여 용산참사 당일에 벌어진 사건과 재판과정의 전말과 향해 조금씩 접근해 나가며, 관객은 주어진 증거의 단편들을 인터뷰와 함께 머릿 속으로 맞춰 나가며 영화적으로 소환된 용산참사의 현장으로 들어가게 된다고 했다. 또 조혜영(2013)은 〈두 개의 문〉과 미국범죄수사드라마 CSI(Crime Scene Investigation)를 비교하며 이 점을 짚어내고 있다. 그녀에 따르면 CSI와 두 개의 문은 여러 면에서 공통점을 갖는데, "죽음의 경유, 경찰수사와 법정 장르의 약호들, 협업체제, 한 공간에 대한 이중시간의 이중인화, 정보로서의 증거 이미지, 다양한 시각매체의 활용, 규범과 프로토콜의 강조, 현장의 재구성, 일반지성으로서의 관객의 인지능력과 세계를 매개하고 있는 카메라와 네트워크 장치들의 활용 등이 그것들이다."라고 언급했다. 이 영화를 공동 연출한 이혁상 감독은 처음부터 제작양식에 대한 목표가 있었다고 말한다.

이 영화는 고도의 스릴러다!. 다큐멘터리이기 때문에 장르영화일 순 없지만 적어도 이 영화를 보는 관객들은 숨막혀야 한다고 생각했다. 참사의 현장과 공포를 전달해야한다는 측면에서 이 영화를 스릴러 장르영화로 보게 해야 한다. 다큐멘터리가 아니라 영화라는 느낌으로 관객에게 다가갔으면 좋겠다는 목표가 있었다. (이혁상 감독 인터뷰)

〈두 개의 문〉은 메시지 또한 새로운 시선으로 재해석해 보여주었다. 보통 이러한 소재를 다루는 독립 다큐멘터리 영화는 피해자를 주인공으로 하거나, 피해자들의 입장을 담은 일방적인 스토리로 이야기를 전개하는 것이 대부분이었다. 그러나 〈두 개의 문〉은 '가해자와 피해자'라는 이분법적인 시각에서 벗어나(이승민, 2013) 오히려 가해자로 보였던 경찰특공대원의 증언을 중심으로, 당시의 진압작전이 얼마나 무리한 작전이었는지를 입증하며, 국가가 가해자였다는 공권력의 문제를 새롭게 제기했다. 감독들은 영화에 이 재판정에서 얻은 법정 재판 기록 등을 열거하며, 당시의 진압작전이 얼마나 무리한 작전이었는지를 가장 효과적으로 알릴 수 있었다. 유가족의 인터뷰나 생존 철거민들의 진술 등은 전혀 드러내지 않은 채, 위와 같은 객관적인 자료들로써 〈두 개의 문〉 감독들은 모두가 공감할 수 있는 메시지를 만들었다. 당시 관객들의 트윗에 올라온 평 중, 서기호 전 판사(@gihos1)는 "철거민보다 경찰특공대의 시각을 많이 반영한 게 놀라웠다. 하지만 그 때문에 무리한 진압작전이었음이 오히려 자연스레 도출됐다" 며 "그래서 누구나 선입견 내려놓고 볼만하다"고 말했다(뉴스페이스, 2012). 피해자 입장을 호소한 게 아니라 용산참사의 진실, 나아가 국가권력, 공권력의 문제를 제기했다는 측면에서, 〈두 개의 문〉을 본 관객들은 감독들이 재창조한 새로운 메시지에 감동하고 공감했다. 이는 모두가 공감할 메시지를 만들어 전달함으로써, 균형감과 객관적 시선을 갖고 싶은 많은 관객들을 끌어들인 결과를 낳은 것이다. 또한 그동안 피해자 중심의 전개로 시장에서 한계를 보였던 독립 다큐멘터리 영화에 시장을 확장할 수 있는 가능성을 보여주었다.

2) 감독과 제작자의 역량

〈두개의 문〉은 〈연분홍치마〉가 제작했다. 〈연분홍치마〉는 '성적소수문화활동을 위한 모임'으로 다큐멘터리영화제작을 포함한 문화예술운동을 하는 사람들의 모임이다(5명의 현장 활동가들이 활동을 하다가 영화화하는 경우가 많았다. 이들의 영화 〈3xFTM〉〈종로의 기적〉〈노라조〉 등 총 5편의 다큐멘터리 영화를 제작했다). 소위 액티비즘(Activism)에서 출발한 독립다큐멘터리영화계에 속한 제작사다.

한국다큐멘터리영화는 1980년대 후반 민중운동과 노동운동이 정점일 때 "영상을 통한 운동"이라는 정체성을 가지고 변혁운동의 일환으로 시작되었다. 사회운동의 도구인 교육선전의 용도로 제작, 배급된 액티비즘 중심의 영화운동으로 시작된 것이다. 액티비즘은 현재 독립다큐멘터리 영화 진영에서 여전히 그 흐름을 이어가고 있다. 80년대부터 이어온 액티비즘 기반 다큐멘터리영화는 주류 미디어에서 배제된 사회적 타자들이나 소외된 이들의 목소리를 대변하면서 사회에 적극적으로 참여하는 영상운동의 일환으로, 영화적 맥락보다는 운동적 맥락에서 제작, 배급된 역사를 가지고 있다(이승민, 2012).

사회적 소재로 다큐멘터리영화를 제작할 땐 거의 불문율처럼, 영화적 장르가 추구하는 재미나 미학적 장치들을 배제해왔다. 그러나 요즘 이러한 전통을 가지고 있는 감독들도 상영할 때 '작품'으로 관객들에게 다가가길 바라고, 잘 만들어진 한편의 다큐멘터리영화가 되길 바란다. 새로운 세대의 영화제작자들은 이런 다큐멘터리유형이 지닌 설교조의 느낌에 반발해 창의적이고 도발적이며 시각적으로 흥미를 자극하는 스타일을 모색했다. 〈연분홍치마〉의 감독들이 그랬다.

대학시절 영화과와 영화동아리에서 영상운동을 시작한 감독들은 우선 새로운 제작양식을 통한 차별화와 완성도에 집중하기 시작했다.

"이 영화는 고도의 스릴러다, 적어도 이 영화를 보는 관객은 숨 막혀야 한다고 김일란 감독과 항상 얘기했어요"라며 공동연출을 맡은 이혁상 감독은 다큐멘터리영화이기 때문에 일반 스릴러 장르 영화일 순 없지만, 참사현장의 공포를 전달하고 싶었고, 영화적 장치를 넣어 다큐멘터리영화로서 좀 더 다가가고 싶었다고 한다." (이혁상 감독 인터뷰 중)

당시에 〈용산〉 (문정현 연출), 〈마이 스윗 홈 - 국가는 폭력이다〉 (김청승 연출),〈용산 남일당 이야기〉 (오두희 연출), 〈떠나지 못하는 사람들 - 끝나지 않은 이야기〉 (장호경 연출) 등 용산참사에 관한 여러 다큐멘터리가 제작되었다. 그러나 〈두 개의 문〉 감독들은 다르게 접근하였다. 철거민들이 주인공이 아니었다. 그들의 투쟁스토리가 중심이 되는 것이 아니라, 각종 촬영 쁘띠지와 법정에서의 채증 기록, 사건 당시 CCTV, 재판기록, 경찰들의 증언, 관련자들의 인터뷰 등을 바탕으로 생생한 현장감과 사건의 진행을 함께 쫓아가는 구성으로 긴장감 있는 한편의 드라마로 재현하였다. 목소리재연을 사용했고, 이미지와 소리를 통한 미니멀한 제작스타일로 영화적 장치를 구현하였다.

제작자들은 아예 보도 자료에서부터 이런 차별성을 마케팅 했다.

"용산참사를 다룬 대부분의 작품들이 사건이 발생하게 된 경위를 좇거나, 철거민의 투쟁과정을 충실히 담아내었다면, 〈두 개의 문〉은 그 시작부터 궤를 달리한다. 당시 진압작전에 참여했던 경찰 특공대원의 시선으로 사건을 재구성할 뿐 아니라, 2010년 8월부터 진행된 법정 재판 과정을 충실히 담아냄으로써, '가해자와 피해자'라는 이분법적인 시각에서 벗어나 전혀 새로운 시각으로 용산참사를 바라보게 하는 것." (자체 보도자료)

"'현장'과 가장 밀접하게 연결되어 있는 독립다큐멘터리의 성격을 전면적으로 뒤엎음으로써 영화장르로서의 의미를 공고화할 뿐 아니라, '고루하다', '어렵다', '투쟁적이다'라는 독립다큐멘터리에 대한 기존의 편견을 상쇄하는 것." (자체 보도자료)

남인영(2014)은 남일당 재연장면은 당시 참사현장을 직접적으로 체감하게 하여 철거민도 경찰특공대도 모두 희생양으로 만든 국가공권력의 과잉진압문제를 마주하게 한다고 하며 번역가의 목적은 단순의미의 전달에 있지 않고 전달을 넘어선 표현, 즉 재창조에 있다고 하면서 〈두 개의 문〉을 이런 재창조로 모두가 공감할 메시지를 만들어 스토리를 구성하고 완성했다고 했다.

연분홍치마는 이 영화 이전에도 〈종로의 기적〉이나 〈3XTM〉을 통해 발랄하고 도전적인 스토리텔링의 톤을 보여주었다. 이 〈두 개의 문〉에서는 더욱 영화의 미적 완성도를 위해 도전한 것이다. 그리고 제작자들은 철저한 역할분담을 했다. 이 영화는 연분홍치마의 김일란, 홍지유, 이혁상 감독이 공동제작을 했는데, 주로 김일란 감독은 영화연출자로서 작품의 완성도 측면에, 홍지유 감독은 이 용산참사의 내용이 제대로 알려지고, 영화가 그 사건의 해결에 기여하는 방향에, 이혁상 감독은 "크리에이티브 디렉터"라는 명칭으로 그 동안 해보지 않았던 영역인, 기술적 완성도와 창의적인 스토리텔링, 그리고 영화마케팅에 힘을 쏟았다.

특히 영화마케팅에서는 이혁상 감독이 중심이 되어, 세 그룹이 역할분담을 했다. 주로 공식계정인 트위터 관리에 집중했는데, 제작단체인 연분홍치마 그룹의 김일란, 홍지유 감독은 작품의 연출로서 제작에 관한 이야기나 관객과의 정서적 교감을 중심으로 한 트윗을 등록하였고, 배급사 시네마 달 그룹의 경우엔, 극장 현장의 상황과 이벤트를 신속하게 전달하는 역할을 담당했다. 마지막으로 용산참사 진상규명위원회와 천주교인권위원회와 같이 다양한 인권단체가 속해 있는 배급위원회의 경우, 용산참사와 관련된 강한 정치적 메시지를 전달하도록 하였다. 이 가운데 이혁상 감독은 전략본부로서 다양한 공간에서 이야기되는 〈두 개의 문〉 관련 정보를 실시간으로 파악, 세 그룹의 사람들 에게 트윗의 소재와 행동지침을 전달하는 역할을 하였다. 〈두 개의 문〉의 트위터 운영이 성공적이었던 이유는 무엇보다 트위터라는 서비스를 명확하게 이해하고 이를 바탕으로 운영되었기 때문인데(한국영화37호, 2012), 이는 이 제작자들의 철저한 전략과 영화를 홍보하겠다는 강력한 의지의 발현이자 성과였다고 볼 수 있다.

3) 제작비 확보

그러나 〈두 개의 문〉의 제작과정은 쉽지 않았다. 〈두 개의 문〉은 보통 전통적인 액티비즘 다큐멘터리 제작방식에서 보여지듯이 일단 제작사에서 아주 적은 비용을 가지고 제작을 시작했다. 집단 내 여러 감독들이 나누어 현장 촬영을 진행했고, 3년여의 제작기간 동안 감독들은 아르바이트를 해가며 버티며 진행했다. 사회적으로 민감한 소재는 정부기관 등에서 지원받기가 쉽지 않다. 〈두 개의 문〉은 정부나 영진위, 또는 재단 등의 제작지원프로그램에 참여했으나, DMZ국제다큐멘터리영화제에서만 지원금을 받을 수 있었다.

> "제작비가 중요해요. 왜냐면 제작비가 있으면 상상하게 되잖아요..여기까지 가볼까 그거 해볼까? 돈이 있으면 가보게 되는데..상상을 한 것 들을 시도하고 수월하게 넘어가고 실행하게 된다. 문턱이 낮아지는 거죠. 그런데 돈이 없으면, 에이 돈이 없는데 멀 하나? 하거든요, 우리 영화도 사운드믹싱이 상당한 중요했어요..그게 없으면 이 영화는 아니에요..그 증언의 순간들, 탄식소리, 채증된 녹음들이 중요했고, 극장에서 5.1채널로 하는게 중요했어요. 그것이 관객들에게 감동을 불러올텐데.." (김일란 감독 인터뷰)

제작비 부족의 아쉬움을 남겨두고, 후반작업인 색보정과 사운드믹싱은 여러 전문가들 재능기부를 받아 진행, 영화를 완성했다. 이렇듯 대중적이고 모두가 공감할 수 있는 주제와 메시지 그리고 창의적이고 예술적인 즉 영화적인 제작양식 도입으로 영화적 완성도를 갖춤으로써 〈두 개의 문〉은 극장으로 찾아오는 관객을 실망시키지 않는, 누구도 감동하고 공감할 수 있는 다큐멘터리영화를 준비해 놓았다.

(2) 배급유통의 영역(Distribution-scheduling, release pattern)

1) 배급 전략과 배급사 역량

이제 배급이 문제였다. 극장에 상영해야 하는 비용이 필요했는데 〈두 개의 문〉 제작자들은 특별한 아이디어를 기획하고 실행했다. 바로 "배급위원 모집"이다. "극장개봉을 위한 〈두 개의 문〉 의 배급위원이 되어 주세요"라는 캐치프레이즈로 제작자들은 영화 공식 홈페이지에 3만원 계정의 배급위원 모집을 알렸고, 각종 영화제 오프라인 행사 때 참석하여 이 이벤트를 알리는 등 적극적인 모금활동을 해 나갔다. 연분홍치마, 용산참사 진상규명 및 재개발제도개선위원회, 인권재단 사람, 천주교인권위원회, 문화연대, 시네마 달로 구성된 〈두 개의 문〉 배급위원회 기획팀의 주도 하에 진행된 '〈두 개의 문〉 배급위원단' 모집은 3월12일 시사회를 시작으로 각종 영화제 현장과 트위터, 페이스북 등의 SNS 서비스를 통해 이루어졌으며, 6월5일 마감일까지 834명이 참여, 총 29,218,658원이 모금되었다. 〈부러진 화살〉의 정지영 감독,〈화차〉의 변영주 감독, 〈만추〉의 김태용 감독, 김진숙 민주노총부산본부 지도위원, 문정현 신부, 심상정(통합진보당) 등의 정치, 종교, 노동, 예술계 인사들과 시민들이 주축이 되었는데, 이 참신한 아이디어는 현실화되었고, 이 모금액은 개봉비용과 홍보마케팅의 종잣돈이 되어, 드디어 6월21일 서울의 CGV아트전용관, 인디 플레이스, 인디 플러그 등 전국의 20개의 극장에서 상영을 시작하게 되었다.

〈두 개의 문〉은 다큐멘터리전문배급사 "시네마 달"이 배급을 맡았다. 시네마 달은 2008년도부터 약 200편의 다큐멘터리영화배급에 관여해왔고, 이중에 60여 편의 다큐멘터리영화를 정식으로 개봉했다. 삼성 반도체 공장 노동자 이야기 〈탐욕의 제국〉, 공장식 축산의 문제점을 다룬 〈잡식 동물의 딜레마〉, 한국사회의 레드 콤플렉스를 반영한 〈경계도시2〉등을 배급했고, 〈다이빙 벨〉 〈업사이드 다운〉 〈나쁜 나라〉 등 세월호 다큐멘터리도 시네마 달의 개봉작이다(경향신문, 2017) 시네마 달은 〈두 개의 문〉 개봉 3개월 전에, 〈어머니〉(2012, 전태일 열사의 어머니인 고 이소선 여사의 일생을 담은) 개봉에 필요한 홍보·마케팅 비용으로 '텀블벅'(독립문화창작자들을 위한 온라인펀딩) 프로젝트를 통해 총 169명의 네티즌이 참여한 일정 후원금을 마련한 경험을 갖고 있다(스포츠경향, 2012). 그리고 〈탐욕의 제국〉을 통해서 관련된 단체들과 관계를 맺어 배급위원단을 꾸리고, 유명인사 섭외와 조직, 이슈를 연결한 〈경계도시2〉의 후원회조직을 결성해 본 경험도 갖고 있다. 시네마 달은 이런 경험을 바탕으로 형성된 전문적인 역량을 〈두 개의 문〉에서 발휘하게 되는데 "834명의 배급위원"은 시사회, 공동체상영, SNS홍보 등에 앞장서며 영화가 개봉된 이후 지속적인 온오프라인 활동을 하며, 일반 시민들의 참여와 지지를 계속 끌어내는 홍보요원의 역할을 충실히 해 나갔다. 이러한 배급위원 기획은 7만 명 흥행신화를 이어 간 초석이 되었다고 할 수 있다.

제작사 연분홍치마와 배급사 시네마 달은 기획부터 〈두 개의 문〉 공동체상영을 염두에 두었다. 그리고 실제 공동체상영을 진행하기도 했다. 그러나 〈두 개의 문〉은 관객들과 새로운 배급형태를 기획, 실행한다. 다름 아닌 '대관상영'이다. '대관상영'은 관객들이 영화관을 직접 대관한 뒤, 지인들에게 또는 SNS를 통해 함께 관람할 관객을 초대하는 형식으로 자리를 채우는 상영방식이다. 어찌 보면 극장이 아닌 공간, 즉 시민회관, 단체사무실, 강당에서 진행된 공동체상영을 극장에서 하는 것인데, 공식집계가 가능한 극장에서 상영한다는 것과 '영화'로서의 작품 관람환경이 보장된다는 측면에서 아주 매력적이고 진화된 배급형태이다. 이는 극장점유율을 높여, 개봉관을 확대하려는 전략에서 비롯된 것이다. 이러한 '대관상영'은 배우 유지태와 아이돌 그룹 JYJ 팬들, 진보신당 당원들은 각각 인디스페이스, 용산 CGV관 211석을 대관해 단체 관람을 진행했고, 박원순 서울시장, 서울 성북구청과 직원들, 대전 동부경찰서 등 단체별 관람은 지속적으로 이어졌다.

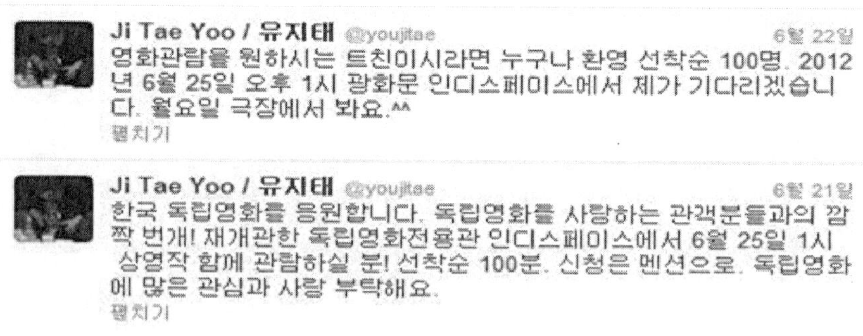

❙그림 4❙ 배우 유지태의 대관상영 트위터 홍보 모습

〈두 개의 문〉 상영관이 없는 지역에서도 여러 단체가 극장을 대관해 함께 관람하는 것을 추진하여, 경남 진주에서는 진주시민미디어센터 외 10여 개 단체가 힘을 모아 CGV진주에서, 경기도 수원에서는 시민단체주관으로 5개관을 빌려 1,300여명이 관람하기도 했다(머니투데이, 2012). 개봉 당시 16곳으로 시작했던 상영관 수는 25곳으로 확장했다(경향신문, 2012).

〈두 개의 문〉에서 이런 대관상영은 가장 중요한 흥행지점인 개봉 첫 주와 2주 차의 스크린 수를 확대하는데 큰 공을 세웠다. 즉 극장을 통한 대관상영은 극장이 아닌 곳에서 진행하는 공동체상영과 다르게 〈두 개의 문〉의 실질적인 관객 수치를 높이는데 기여를 했다. 시네마 달의 김일권 대표는 당시 대관으로 본 관객을 2만 명(두 개의 문 전체 관객 7만 명)으로 집계하고 있다.

> "실제 대관으로 본 사람이 2만 명이 넘는다. 지역단위 사람들을 모아서 극장으로 본 게 2만 명이 넘는다. 객석을 100으로 본다면 200회 이상 대관상영을 한 것이다. 전국의 시민단체들 거의 대부분 대관상영을 했다는 얘기다. 전국적으로..개인적으로 한 경우도 있어요. 개인적으로 몇 명이 모여서 내가 돈 댈 테니까 같이 봅시다 하는 경우도 있고, 트위터에다 춘천지역 누구인데 저 이거 할 건데 붙으세요 하면서 십시일반해서 대관을 해 영화를 본 거죠. 대단했어요" (시네마 달 김일권 대표 인터뷰)

〈두 개의 문〉의 배급전략은 다큐멘터리 영화의 전통적인 방법을 바탕으로 상업영화 시스템에서 성공할 수 있는 접합점을 찾는 노력에서 아주 창의적인 방법을 실현했다고 볼 수 있다. "834명의 배급위원"은 다큐멘터리영화에서 나타나는 후원조직, 상영조직들이 직접 배급비용을 마련하기에 이르렀고, 이후 헌신적인 홍보마케터 역할을 하였다. 다큐멘터리 영화를 제작하는 가장 큰 이유는 다루고 있는 소재가 사회적으로 이슈화 되어야 하는 것인데, 그런 면에서 첫 주 둘째 주 스크린 수와 관객 수는 아주 중요한 부분이다. 왜냐하면 극장으로부터는 스크린을 더 확보하고, 관객으로부터 영화를 믿고 보게 하는 요소가 되기 때문이다. 그런 의미에서 "대관상영"은 다큐멘터리 영화에서 아주 중요한 흥행요인이 되었다.

〈두 개의 문〉 같은 독립다큐멘터리영화는 극장 개봉마저도 쉽지 않은 게 현실이다. 그러나 〈두 개의 문〉은 〈배급위원〉과 〈대관상영〉이라는 새로운 방식으로, 그 벽을 넘어섰다. 대규모 상업영화시스템에 들어가지 않고도 소규모예산으로 극장개봉을 진행하고 있는 독립영화 배급 방식의 스펙트럼을 넓힌 긍정적 시도라고 볼 수 있다. 이는 독립다큐멘터리영화가 지닌 태생적 한계를 그 내부에서 돌파하고자 하는 의지가 참신한 방식으로 실현된 것이라 볼 수 있는 것이다. (영화 〈두 개의 문〉 보도자료 중)

2) 개봉 시기

문화평론가 이택광 경희대 교수는 〈두 개의 문〉이 성공한 이유를 "선거 국면이라는 점도 크게 작용 했을 것"이라고 했다. 이 교수는 "정권교체 시점에서 이 영화 관람이 용산 문제 해결을 위한 정치적 행위가 될 수 있다는 심리 역시 흥행의 다른 요인으로 작용하는 것 같다"고 분석했고, 〈두 개의 문〉 배급사 시네마달의 김일권 대표 또한 "많은 이들로부터 이 영화를 통해 용산에 대한 충격 혹은 죄의식을 끄집어내게 하였고 그것이 MB정권 말기의 상황들과 시기적으로 겹치면서 더 큰 반응들이 일어나는 것 같다"고 밝혔다(경향신문, 2012).

당시 영화계는 몇몇 영화의 흥행을 기존 저널리즘의 역할 부재라는 당시 사회적 분위기 때문으로 분석하고 있었다. 2007년 벌어진 석궁사건의 재판을 따라가는 〈부러진화살〉(2011)이나 장애인 성폭행과 관련한 사학재단의 비리를 폭로한 〈도가니〉(2011)가 흥행한 것을 두고 그 흥행 이유가 그 같은 사회분위기가 밑바탕에 깔려있다는 것인데, 〈방문자〉(2006) 〈반두비〉(2009) 등 사회 비판 의식이 뚜렷한 영화를 연출한 신동일 감독은 "기존 언론의 기능이 제한되면서 국민들의 알 권리가 억압된 측면이 있었다. 〈두 개의 문〉 〈부러진 화살〉 〈도가니〉 등 사회적 이슈를 다룬 작품들이 해소해주는 기폭제 역할을 대신했다.〉고 하며 사회적으로 축적된 불만의 토대가 흥행의 바탕이 되었다고 말했다(허남웅 닷컴, 2012). 또한 〈시사인〉의 장일호 기자는 "기존의 언론들이 직무유기를 했다. 진보매체는 중요한 취재원인 용산 유족들을 자극하지 않기 위해 온정적인 접근을 시도했고 보수매체는 정부의 용산 진압의 정당성을 부여하기 위한 허위 보도를 서슴지 않았다. 그 과정에서 용산 참사의 본질은 사라졌다"고 말했다(허남웅 닷컴, 2012). 이러한 분위기는 정치사회적인 소재의 다큐멘터리에 관심이 많은 관객들은 사건이 발생한지 3년이 지난 시점이었지만 다시 그 참사를 떠올리며 사건의 이야기로 참여해 들어간 것이다.

〈두 개의 문〉이 개봉된 2012년 6월은 이명박 정권 말기로 그 해 12월은 대선이 치뤄지는 시기였다. 우선 야권의 대선주자들과 정치인들은 트윗을 통해 참여하고, 직접 관람했다. 손학규 당시 민주통합당 고문, 정동영 대선출마예정자, 박원순 서울시장 등이 관람했고, 특히 정동영 전 의원은 관람 직후 트위터에 "영화가 끝나자 관객들 입에서 '어휴~' 한숨 소리가 터져 나왔다"며 "〈두 개의 문〉은 괴물을 보여준다. 권력이 폭력화하면 괴물이 된다. 인간은 없다. 100만 명이 봤으면 좋겠다"며 적극적인 트윗 활동을 했다(한겨레신문, 2012년).

다큐멘터리영화는 이슈가 사회적으로 확장될수록 더더욱 극장으로 관객이 몰려든다. 이러한 정치인들의 적극적인 홍보와 참여, 또한 관련 문제에 대해 적극적으로 해결을 모색하는 모습은 〈두 개의 문〉 개봉시기와 관련이 깊다고 볼 수 있는데, 다가오는 정권교체시점에서 영화 관람이 용산문제 해결을 위한 행위가 될 수 있다는 심리적 요인이 또 다른 흥행요인으로 작용했다고 볼 수 있다. 결국 정치인들의 이 같은 관심은 7월 3일, 민주통합당에서 용산참사 책임자처벌 및 진상규명을 당론으로 정하고, 구속철거민 특별사면 촉구 결의안을 발표하기에 이르렀다. 그리고 〈두 개의 문〉은 개봉 14일 만인 7월4일에 2만 관객에 도달했고, 개봉 15일 차에는 용산참사 항소연기 탄원서가 1200장을 돌파하는 등 사회적으로 용산 참사이슈가 확장되면서 많은 국민들은 다시금 용산참사를 떠올리고 향후 문제해결에 관심을 갖는 계기가 되었다(원승환 외, 2013).

(3) 마케팅 노력의 영역(Marketing Effort)

1) 영화제 성과

〈두 개의 문〉의 영화제 참여는 많지 않았다. 국내로는 2010년 DMZ 국제 다큐멘터리영화제에 참여해 제작지원을 받았고, 이후 서울인권영화제, 환경영화제 등 국내 영화제에서 상영을 했고, 여성영화인 상 등을 수상했다. 작품의 완성도면에서 홍보효과가 높은 해외영화제 수상은 없었다. 이는 이 영화자체가 국내 관객을 겨냥해 제작된 경우여서이기도 하다. 이 영화의 기획의도가 국내 관객들에게 이 사건을 알리고 정치적이거나 법적인 해법까지도 모색하는 의도를 갖고 있었기 때문에 해외 관객을 겨냥하기에 맞지 않았다는 것이다. 그래서 또한 2차 배급 성과도 많이 부족했다. 영화제를 통한 해외배급은 당연히 이루어지지 않았고, 작품의 완성도면에서 전문가 평가 등이 부족한 채로 남게 되었다.

2) 미디어 회자와 입소문 마케팅

〈두 개의 문〉은 개봉 첫날, 16개관 좌석점유율 1위를 기록했고(맥스무비), 매진행렬을 이어갔다(마이데일리). 또한 개봉 4일만에 관객 5892명을 모았고, 평일 개봉 첫날부터 서울 상영관이 매진되며 독립, 예술영화 부문 '1일 관객 수' 1위로 출발했다(한겨레신문, 2012). 상영관이 적은 다큐멘터리영화는 관객을 5,000명 넘기기가 쉽지 않다. 2009년 296만 명의 관객이 든 〈워낭소리〉도 개봉 4일차에 7,020명을 모았던 것을 보면 이 〈두 개의 문〉의 시작은 기적 같았다.

〈두 개의 문〉은 개봉이후 예기치 않았던 관객행렬로 연일 미디어에 오르내렸다. 전 국민을 술렁이게 했던 대형사건을 다룬 데다, 보기 드문 영화적 완성도를 갖춘 다큐멘터리 영화라는 것도 화제가 되었다. 여러 신문과 인터넷매체, 영화매체 등에 영화를 둘러싼 다양한 평들이 쏟아져 나왔다.

> "현장의 결연함을 보여주거나, 관객을 흥분시키거나, 경험치 못한 누군가의 삶을 엿보게 해 주는 다큐가 아니라, 당대의 역사를 해석해내고자 하는 시선에 관한 다큐다"
>
> (〈화차〉 변영주 감독)

"유가족의 인터뷰 등이 아니라 용산참사 공판 증언 등으로 사건의 추이를 쫓아가면서, 극영화를 보듯 사건 실체에 접근하는 독특한 작법을 보이고 있다"

(〈부러진 화살〉정지영 감독)

〈두 개의 문〉은 개봉 이후, 예기치 않았던 관객행렬이 이뤄져, 연일 미디어에 오르내렸다. 전 국민을 술렁이게 했던 대형사건을 다뤘고, 보기 드문 영화적 완성도를 갖춘 다큐멘터리 영화라는 것도 화제가 되었다. 또한 영화의 작품에 대한 비평기사만이 아니라 영화의 소재인 용산참사에 관련된 기사도 봇물 듯이 쏟아져 나왔다. 특히 정권에 대한 비판적 시각을 갖고 있는 신문들은 지속적으로 기사를 쏟아냈다. 영화가 개봉된 날로부터 한 달 동안 H신문과 K신문 홈페이지에 〈두 개의 문〉이라는 검색어를 쳐본 결과, H신문은 36건의 기사가, K신문은 25건의 기사가 검색되었다. 또한 H신문은 영화에 대한 기사뿐 아니라 사회적 이슈에 관련한 기사도 많이 실었다. '용산참사'라는 검색어를 쳐 본 결과 관련기사가 한 달 동안 무려 64건이 검색되었다.

▌표 8▐ H신문에 실린 기사내용

구분	건수	기사내용
정치	5	정치인들의 관람 행보
사회	32	뉴타운 재개발법 개정 논의 여타 재개발지역 철거문제 용산참사 항소연기 이슈 현병철 전 국가인권위원장 이슈
문화	12	영화 흥행 관련 기사
사설/칼럼	14	영화 or 용산참사에 대한 평
비고	1	용산참사 범대위 활동
총	64	

또한 H신문은 영화에 대한 기사뿐 아니라 사회적 이슈에 관련한 기사도 많이 실었다. "용산참사"라는 검색어를 쳐 본 결과 관련기사가 한 달 동안 무려 64건이

검색되었다. 특히 사회면에서, 재개발지역 철거문제를 비롯한 뉴타운 재개발법 개정 논의와 용산참사 항소를 연기해달라는 탄원 여론, 현병철 전 인권위원장의 연임과 자격 논란 등의 내용이 집중적으로 실렸다.

"미디어의 영향이 커요. 단순 영화평도 있지만 현장취재와 관련자 인터뷰까지 해서 이슈기사를 만들어 실었어요. 일종의 논지를 만들잖아요. 복권을 해야 한다든가, 경찰도 피해자다 라는 기사를 쓰기도 하고, 영화랑 맞춰서 기사를 쓰기도 하고 더 확장하는 이슈도 만들고, 기자들이니까 가능하죠. 그런 지속적인 기사들이 많이 영향을 줬어요..보고 싶을 거 아니에요. 도대체 무슨 영화길래 그러나하고.." (김일권 대표 인터뷰)

실제 가장 반응이 뜨거웠던 곳은 트위터, 페이스북 등의 SNS에서였다. 영화를 본 관객들은 영화에 대한 소감과 응원을 SNS에 쏟아냈고 정치인들의 참여와 전문가들의 평 또한 지속적으로 SNS에서 화제가 되었다.

"결론은 꼭 봐야 할 영화니까 보세요"(@God****)
"상영시간 내내 숨소리도 안 들릴 정도다"(@ban*********)
"영화가 끝난 후 불이 켜져도 관객들이 침묵했다. 박수를 칠수 없는 감동적인 영화"(teodosi****)
"당신이 왜 사는지, 어떻게 살아야 하는지 모르겠다면 꼭 보시라"(skylove****)
(트위터 출처)

정치인들의 참여와 전문가들의 평 또한 지속적으로 SNS에서 화제가 되었다. 민주통합당 정동영 상임고문은 22일 오전 "〈두 개의 문〉 상영에 꼭 와 달라"는 멘션을 리트윗하며 "가겠다"고 답했고, 최재천 의원도 21일 오후 "용산참사의 진실을 담은 다큐 〈두 개의 문〉이 오늘 개봉했다"며 상영 일정 정보를 올려 놓기도 했다. 노종면 전 YTN 노조위원장은 트위터를 통해 "이 영화의 성취가 우리 사회의 성취일 것이라 믿는다"고 밝혔다(뉴스페이스, 2012).

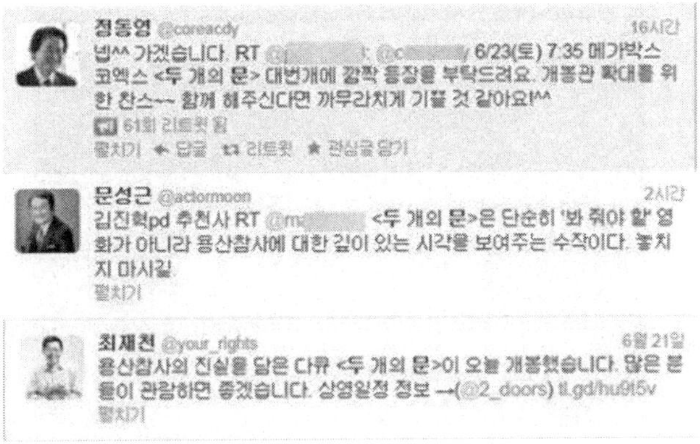

▌그림 5▐ 트위터에 등록된 유명인들의 트윗 내용(머니투데이, 2012).

〈배급위원 모집〉은 기본적으로 관련인 들의 참여도 많았으나, 온라인 특성상, 관련 없는 일반 사람들에게도 전파되어, 참여 폭이 넓어지는 결과를 가져왔다. 이 특별한 이벤트는 온라인상에서 닿아 있는 사람들에겐 관심거리가 되어 갔다. 그리고 SNS를 통한 “대관상영” 참가자 모집은 더더욱 관심거리였다. 영화에 관한 응원형식이었지만 아이돌 가수 JYJ팬들, 배우 유지태를 오프라인으로 만나 영화를 볼 수 있다는 것 자체가 화제였다. 그리고 각종 단체와 집단들이 단체관람을 조직하며 참여를 독려하고, 트친(트위터 친구들), 페친(페이스북 친구들)간 〈두 개의 문〉 함께 보기 벙개 등이 많은 모임과 동호회, 단체 등 그 안에서 이루어졌다(SBSE, 2012).

소셜 네트워크 분석 전문가인 송슬기 컨설턴트는 6월1일부터 7월31일까지 트위터 버즈량을 추척해 보았는데, 〈두 개의 문〉 총 트윗 수는 14만 2천여 건, 작성자 수는 2만 1천여 명이라고 밝혔다. 이는 2011년 무상급식 주민 투표에서 총 트윗이 27만여 건, 작성자는 3만여 명, 쌍용차 해고자 가족 돕기와 희망버스 관련 트윗이 총 8만여 건, 작성자는 2만 1천여 명인 것과 비교 했을 때, 결코 적은 수가 아니다(원승환 외, 2013).

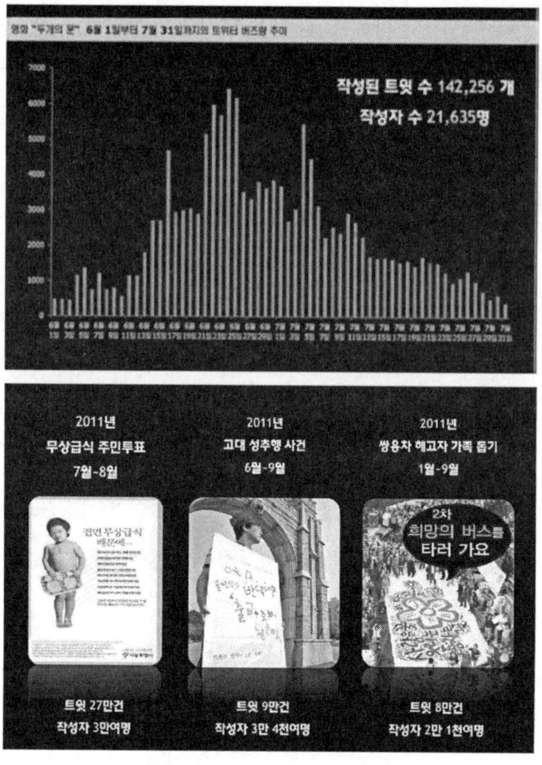

▌그림 6▐ 영화〈두 개의 문〉 트위터 버즈량 추이,

출처 :송슬기,2012독립영화정책포럼 (원승환 외, 2013)

이러한 활발한 움직임은 〈두 개의 문〉 공동연출을 맡은 이혁상 감독이 트위터 계정을 총괄하는 헤드쿼터의 역할을 맡고, 전략적으로 트위터를 운영한 결과라 볼 수 있다. 감독, 배급사, 배급위원회들이 각각 성격에 맞는 소통을 나눠 맡으면서, 잠정 관객들의 문의와 의견에 진정성 있는 답변과, 친절한 정보전달을 하고자 했다. 또한 무엇보다 언론보도를 이용하는 것에 그치지 않고 이슈를 만들어 내는데 역점을 두었다(한국영화 34호, 2013). 입소문 마케팅에서 가장 중요한 점은 바로 이야기 거리, 이슈거리를 계속 만드는 것이다. 〈두 개의 문〉 공식계정이 폭주했던 이슈들을 보면 JYJ 팬클럽 단체 관람, 박원순 서울시장 관람, 국화꽃 입장권 이벤트 등이 있었는데 특히 당시 현병철 국가인권위원장 영화 관람 시에는 폭발적이었다. 관객들의 항의로 현 위원장이 결국 관람을 못하고 영화관을 떠난 사건이 있었는데, 이때 현장에서 현 위원장을 본 관객들과 여기에 의견을 더한 트위터리안들의 리트윗으로 단순한 해프닝으로 끝날 수도 있던 상황이 'SNS 화제 이슈'의 형태로 주류 언론의 호응까지 나타나게 되었다.

"배급위원 모집"과 "대관상영"이라는 획기적인 방식은 이 SNS라는 디지털시대의 소통이 작용했기에 가능한 것이었다. 〈두 개의 문〉의 SNS를 통한 마케팅은 "배급위원 모집"과 "대관상영"이라는 창의적인 이벤트를 중심으로 철저한 마케팅 전략 아래 공식계정을 운영, 진정성 있는 소통으로 관객을 영화관으로 계속 이끌었다. 또한 이러한 현상은, 예상 못한 관객몰이와 함께 이슈거리가 되어, 주류언론에 오르내렸고, 다시금 관객을 끌게 하는 선순환인적인 결과를 낳았다. 7만명 흥행신화의 핵심적인 구조를 이뤘던 것이다.

3) 참여 관객

〈도가니〉와 〈부러진 화살〉이 예상치 않은 흥행을 하고, 이후 〈두개의 문〉까지 관객이 호평을 받을 때, 언론은 이 현상을 '무비 저널리즘'이라 했다(허남웅 닷컴, 2012). 사회고발 영화들이 언론기능을 대신한다는 이야기인데, 이 현상에 더욱 언론이 주목했던 이유는 자발적이고 적극적인 소비행태를 보여주는 관객현상 때문이었다. 전찬일 영화평론가는 "2011년과 2012년 다른 나라에서는 찾아보기 힘든, 매우 특별한 흐름이 한국영화계에 생겨나고 있다"며 "관객들이 영화를 함께 만들어 배급, 홍보까지 하고 있다."고 평했다(한국교육신문, 2012).

〈두 개의 문〉의 '참여관객'은 훨씬 강력하고 진화된 형태의 모습을 드러냈다. 한국독립다큐멘터리 관객 운동이 2000년대 이후 웹의 활성화와 최근의 SNS라는 변화된 미디어 환경을 매개로 어떻게 이루어지고 있는지를 성공적으로 보여주며 현실정치에서까지 힘을 발휘한 것이다(권은혜, 2014).

〈두 개의 문〉에서 '참여관객'은 상영할 수 있는 결정적인 역할을 했다. 개봉비용이 부족했던 제작자들은 "배급위원 모집"이라는 특별한 펀딩을 시도했는데 결과적으로 834명이 참여해서 3천만원의 비용이 모아졌다. 영화계, 사회 각계 각

층의 인사들이 참여하면서 시작된 이 특별한 펀딩이 SNS를 통해 일반인들에게 확대되면서, 비용후원에서부터 개봉하면서도 지속적으로 이 사건관 관련한 이슈들이 생겨났다. 공무원들과 경찰들이 단체관람하고, 당시 국가인권위원장이 관람하러 갔다가 쫓겨난 상황들은 당시 트위터, 페이스북 등 SNS에서 계속 회자되면서 더욱더 이 영화에 대한 관심을 불러일으켰고, 야당의원이 용산참사 진상규명을 위한 국정조사를 제기하면서 영화관람에 대한 불씨를 더욱 지피기도 했다. '참여관객'들은 SNS를 통해 이런 이슈를 생산하고 키워가고 이로 인해 관심을 갖게 되는 일반관객을 극장으로 불러오게 하는 홍보요원이 된다. '참여관객'은 이 과정을 통해 늘어난다. 강한 사회적 소재의 영화는 영화가 기획될 때부터 상영되는 내내, 관련한 이슈를 양산해내고, SNS에서 '참여관객'의 모습으로 진화하여 영화 관람에 이르게 한다.

실제 영화를 관람한 관객들은 사회적인 영화에 대해 진정한 마음으로, 강력한 정치적 소견으로 참여를 하고 있었다. 〈두 개의 문〉 배급위원 중 한 사람은 "사회에 대한 미안한 마음이 든다. 좋은 대학을 나오고 괜찮은 직업에 종사하면서 부채의식이 있다. 참여할 수 있는 것 만이라도…"하며 다소 소극적이지만, 아주 대중적이고 정서적인 참여이유를 밝히고 있고(한겨레TV영상, 2012), 트위터리안(@nodolbal)은 "이 영화의 성취가 우리 사회의 성취일 것이라 믿는다"고 밝혔고 이원호 용산 참사 진상규명위원회 사무국장은 "〈두 개의 문〉을 보고 행동하고자 하는 분들과 김석기(당시 서울경찰청장)를 고소하는 고소장을 한 분, 한 분 작성해 정해진 날에 검찰청에 줄서서 하나하나 접수해 보는 것을 준비 중"이라면서 "(이를 위해) 〈두 개의 문〉 흥행은 필수"라고 호소했다.

조혜영(2013)은 〈두 개의 문〉이 그들의 영화관객을 기존의 실천 공동체를 넘어서 일반지성을 공통성으로 삼는 다중으로 상정한다고 보았다. 여기서 말하는 다중-관객은 특히 디지털 시대의 미디어에 익숙한 관객으로서, 정보화 사회의 주체로 디지털 장치와 인터페이스하며 어렵지 않게 정보를 얻고 그 정보를 독해할 수 있는 능력을 지니고 있다. 또한 영화텍스트에 관한 것은 물론 그 영화가 가리키는 사회 현실에 대한 담론을 생산하며 다중-관객, 참여관객으로서의 역할을 해내고 있다.

김일란 감독은 다큐멘터리영화제작자들이 '관객'에 대해 더 깊은 고민을 해야 한다고 말하고 있다. 그는 상업영화의 마케팅 시스템을 예로 들면서, 상업영화가 기획과 제작, 마케팅 단계에서 정확하게 관객 타겟팅을 하고 있다며, 각 단계마다 타겟 관객층에 어필할 수 있는 방식들을 다큐멘터리영화도 전략적으로 고민해야 한다는 점을 강조했다.

> "어떤 운동의 주체들을 만나고 내가 만나고 싶은 관객은 누구인지를 명확히 해야 한다"면서 "그 주체들과 함께 이 다큐멘터리영화를 통해 어떤 운동을 하고 싶은지, 관객들과 무엇을 하고 싶은지를 보다 깊게 고민해야 한다"
>
> (민중의소리, 2012년, 김일란 감독 인터뷰)

이러한 제작주체들의 '관객'에 대한 고민과 함께, 〈두 개의 문〉은 홈페이지와 SNS홍보를 통해 834명의 배급위원을 모았고,〈두 개의 문〉과 관련한 총 트윗 14만 2천여 건,작성자 2만 1천여 명을 기록하며 트위터를 뜨겁게 달구었다. 〈두 개의 문〉과 관련한 트위터 현상을 구체적으로 들여다보면, 파워 트위터러의 활동은 물론 일반 트위터러나 용산 참사 관련 활동가 트위터러의 역할이 두드러졌음을 알 수 있었고, 트위터 상으로 대관상영을 추진한 사실도 알 수 있었다. 즉, 7만 3천 여 명의 관객 동원, 민주통합당의 구속철거민 특별사면 촉구 결의안 발표(2012년 7월 3일),트위터 상의 독려와 함께 1200장을 돌파한 용산참사 항소연기 탄원서(2012년 7월 5일)는 소셜 미디어를 통한 〈두 개의 문〉의 참여관객의 활동이 있었기에 가능한 성과였다.

소셜 미디어를 통한 '참여 관객'은 개봉하는 독립 다큐멘터리 작품들 대부분이 공유하고 있는 현상이고 부분적으로 성과도 있어 왔다. 하지만 〈두 개의 문〉만큼 성공적인 참여 관객의 모습을 만들어낸 사례는 거의 없었다. 권은혜(2014)는 앞으로 참여 관객에 대한 후속 연구가 진행되어, 현상에 대한 다양한 각도의 분석을 수행하여 본 연구보다 입체적이고 유의미한 연구가 될 수 있길 바란다고 했다. 이는 이 '참여관객'이 향후 다큐멘터리영화의 특징적인 성공요인으로 아주 중요한 요인이 될 수 있음을 언급했다.

4. 두 사례 결과와 그 비교

지금까지 두 영화를 다큐멘터리영화 성공요인 기본 프레임에 적용시켜 분석해 보았다. '참여관객'을 제외한 7가지의 요인은 두 영화 모두에 공통적으로 작용하는 성공요인이다. 공통점은 다큐멘터리 내 장르를 불문하고, 그동안 다큐멘터리 영화가 가졌던 한계나 영역을 확장하는 데 중요한 기본 방향이 될 것이라 생각한다. 다큐멘터리는 그 영역 안에서도 아주 다른 장르들을 갖고 있다. 차이점은 그 장르 간 각각의 본질과 흥미요소, 관객의 기대가 다른 만큼, 각자의 목표와 색깔을 드러내도록 하는 데 시사점을 줄 것이다. 앞선 세 가지 프레임웍을 중심으로 공통점과 차이점을 보고자 한다.

(1) 창조적 영역

제작단계에 있어서 먼저 '스토리의 힘'은 양쪽 모두 영화의 성공에 기본적인 요인으로 작용하였다. 〈님아, 그 강을 건너지 마오〉의 '스토리의 힘'은 모두가 공감하는 소재이면서 극영화적인 스토리텔링으로 관객으로 하여금 눈물과 감동을 자아내게 했고 이는 상업영화시스템에서 역량 있는 배급사와 손잡고 와이드릴리즈 방식을 시도할 수 있는, 부족함이 없는 내러티브 완성도를 보여주었다고 할 수 있다. 반면 〈두 개의 문〉은 너무 지루하고 진지하기만 하다고 치부할 수 있는 기본 사회 다큐멘터리 내러티브를 벗어나, 영화적 완성도와 모두가 공감할 수 있는 주제와 메시지를 창조함으로 '스토리의 힘'을 보여주었다. 다큐멘터리도 시각적으로 매력적이며 한편의 영화로서 독창적이어야 한다고 생각한다. 이것은 보편적 소재이든 사회적 소재이든 모든 다큐멘터리영화에 주어지는 관객의 요구인데, 이 두 영화는 이러한 요소로 관객들을 감동시켰고 커다란 즐거움을 주었다.

'감독과 제작자의 역량'에서도 두 영화 모두 지금까지 보여주지 못했던 감독과 제작자들의 도전과 강한 욕망을 드러내었고 실현하였다. 〈님아, 그 강을 건너지 마오〉의 감독과 프로듀서는 십수 년간 TV휴먼다큐멘터리를 제작하면서 시청자가 무엇에 감동하는지를 훈련 받았다. 그리고 해외영화제 참여를 통해 감독과 프로듀서의 분업을 자연스레 진행하며, 프로듀서의 역할을 잘 수행하였다. 이는 영화의 완성도에 기여했으며, 민간투자, 배급사 투자를 받고, 대형배급사와 손을 잡은 그야말로 '상업영화시스템'을 다큐멘터리영화에 적용한 첫 사례를 만들었다. 〈두 개의 문〉에서도 감독들은 이전의 영상 제작집단의 제작양식을 따르지 않았다. 인터뷰와 영상 장면이 교차하는 지루한 사회적 다큐멘터리 형식을 벗어나, 작품에 정서적, 미학적 일관성을 부여해 줄 형식과 스타일을 새로 개발해 내었다. 또한 배급과 마케팅에서도 주먹구구식이 아니라 나름 역할을 분담하여, 진정성 있는 '참여관객'들과의 소통으로 영화적 성과에 대한 욕망을 멈추지 않았다.

'제작비'는 기본적으로 다큐멘터리제작자들이 제작을 활성화하는데 아주 중요한 요인이 되고 있다. 이 두 영화 모두 제작에 안정적인 제작비확보는 정부기관 지원, 지자체 지원, 각종 영화제 지원 등 각종 지원을 통해 기본적으로 충당되었다. 그런데 배급과 마케팅 비용 확보면 에서 큰 차이가 있다. 먼저 〈님아, 그 강을 건너지 마오〉는 민간 투자, 대형배급사의 투자 등으로 일반 영화 배급방식을 진행하게 되었고, 영화의 성공에 결정적인 역할을 하게 되었고, 반면 〈두 개의 문〉은 필요한 배급비용을 일반 개인 후원자들의 모금으로 진행, 초기 스크린 18개에 상영하는데 부족함 없는 비용을 확보하게 되었다. 제작비용이 크지 않은 다큐멘터리제작에 있어 이러한 모금방식의 제작비 확보는 현재 많은 다큐멘터리 제작에서 다양한 모습으로 활발히 진행되고 있다.

(2) 배급유통의 영역

'배급 전략'에서는 두 영화의 차이가 보다 극명하게 나타난다. 먼저 〈님아, 그 강을 건너지 마오〉는 메인투자사인 대명문화공장과 투자배급사인 CGV아트하우스로부터 투자를 받았다. 다큐멘터리영화로는 처음으로 메인투자사를 갖게 되었는데, 이는 그동안 다큐멘터리영화에 없었던 '투자'라는 영역이 등장, 그야말로 상업영화시스템 하에서 영화가 진행이 된 것이라 볼 수 있다. 대명문화공장의 김승현 파트장은 〈님아, 그 강을 건너지 마오〉의 흥행에 "대명의 투자참여"가 결정적이었다고 설명한다.

> "저희는 저희가 흥행에 엄청나게 영향을 미쳤다고 보죠. 스스로 자부하고 다녀요. 일단 환경을 다른 환경으로 만들었죠. 구조 자체를, 다큐멘터리작품의 일반적인 수익구조들, 그러니까 다큐멘터리전문배급사를 만나서 극장에서 조금 벌고, 해외에서 조금 벌고 그런 통상적인 구조들이 있는데, 저희가 그런 통상적인 구조를 깼다 라는 거죠. 저희가 투자를 하면서 이것을 상업 영화화했다고 할까요? 그 중간정도로 구조를 바꿨다는 부분에 있어서는 큰 역할을 했다고 봅니다" (대명문화공장 김승현 파트장)

또한 배급을 맡은 CGV아트하우스는 영화의 성격을 남녀노소를 불문하고 대중적인 관객에 어필 가능한 영화로 규정하고, 최대한 스크린을 많이 여는 와이드릴리즈 배급전략을 시도, 성공했다. 다큐멘터리영화로 와이드릴리즈 배급전략으로 성공한 사례는 처음으로 보여 진다. 스토리자체가 일반적으로 관객들에게 어필할 수 있을 것으로 배급사는 판단했을 것이다. 배급사인 CGV아트하우스는 806개의 스크린에서 개봉, "와이드릴리즈방식"으로 정면 승부했다. 다큐멘터리로서는 미증유의 배급방식으로 일반 상업영화의 배급방식을 시도해 본 것이다. 이러한 스토리는 일반 상업영화의 방식으로 접근이 가능하고 또 성공할 수 있다는 사례를 낳은 것이다.

〈두 개의 문〉처럼 민감한 사회적 소재를 다룬 다큐멘터리는 대형배급사와 파트너가 되기는 어렵다. 그리고 직접투자와 정부지원 등으로 확보된 비용으로는 전국에 100여개 이상의 스크린에서 개봉하는 비용을 감당하지 못한다. 다큐멘터리전문 배급사는 이러한 상황을 특별한 방법으로 돌파해내었다. 대중적인 전략보다는 특수한 관객층을 대상으로 배급전략을 취했다. 〈두 개의 문〉의 배급을 맡은 다큐멘터리 전문 배급사 "시네마 달"은 아주 적게 스크린을 열었다. 물론 흥행에 취약한 정치사회 다큐멘터리는 극장에서도 스크린을 많이 열어주지도 않는다. 그러나 오히려 이런 상황을 역이용, 적은 수의 스크린이지만, 입소문에 효과적일 수 있도록 스크린마다는 좌석을 꽉 채우도록 하는 전략을 세운다. 배급에 필요한 비용을 모금한 "배급위원 모집(일종의 크라우드 펀딩"과 극장 공식 집계가 가능하도록 한 "대관상영"을 실현하면서, 이전보다 훨씬 진화된 배급전략을 실행했다. 다큐멘터리 배급 방식중의 하나인 "공동체상영"과 후원집단과의 네트워크 활성화 경험, SNS를 통한 진정성 있는 소통 경험 등으로 새로운 배급방식 들을 펼쳐나갔다는데, "배급위원 모집"과 "대관상영"을 통해 사회적 사건에 함께 참여하고자 하는 관객들을 중심으로 새로운 형식의 상영운동을 펼쳐 나간 것이다. 특히 "대관상영"은 단순히 한 공간에 모여 영화를 관람하는데 그치는 것이 아니라 실질적인 영화관객 수치를 올렸다는 점에서 아주 혁혁한 공을 세웠다 할 것이다.특히 이런 특별한 배급전략은 다큐멘터리영화만 배급해 온 시네마 달의 경험과 시민단체들의 적극적인 참여가 잘 결합되어 가능했고, 이러한 전략은 정치사회적 소재에 관심이 많은 사람들을 상대로 현실화되었다.

〈님아, 그 강을 건너지 마오〉와 〈두 개의 문〉은 모두 '개봉시기'가 흥행에 큰 영향을 미쳤다. 〈님아, 그 강을 건너지 마오〉는 다큐멘터리영화지만 극영화 개봉시기 전략을 따랐다. 보통 멜로영화는 겨울에 관객들을 소구한다는 원리를 따랐고, 대형영화가 같이 포진한 겨울에 경험 많고 전문적인 배급사의 디테일한 시기 전략이 함께 더해져, 성공했다. 반면 〈두 개의 문〉은 일반영화에서 진행하는 개봉시기 룰을 따르기보다 다른 시의적 시기를 보았다. 정권말기와 대선을 앞두고 있는 시기였는데, 이는 일반 사람들이나 정치인들 모두가 지난 정권을 성토하고 새로운 정권에 대한 기대감을 많이 표출하는 시기이다. 〈두 개의 문〉은 이런 시기에 적절히 상영되어 이 사회적 문제를 둘러싸고 여러 토론과 의견들이 많이 등장하면서 관객들에게 충분히 호기심을 불러 일으켰으리라 생각된다.

(3) 마케팅영역

영화가 상영되면서 가장 중요한 부분이 '홍보마케팅'일 것이다. 전통적으로 일반 영화에서도 영화제에 참여하면서 수상하는 '영화제 성과'는 가장 큰 홍보효과를 가졌다. 뉴스에 회자되고, 여러 미디어에 오르내리면, 완성도 측면에서 믿고 볼만한 영화라고 인식하게 되고, 이것은 관객을 극장으로 유인할 수 있다. 〈달팽이의 별〉이 그런 경우다. 가장 권위있는 다큐멘터리영화제에서 대상을 수상했다는 것은 큰 화제였고 그래서 관객의 발걸음을 움직였던 것은 사실이다. 그러나 이 두 영화는 그 정도의 권위 있는 상을 수상한 건 아니었고, 그나마 수상한 시기도 개봉 이후라서 영화의 성공에 이러한 수상이 영향을 주었다고 볼 수는 없다. 다만 〈님아, 그 강을 건너지 마오〉의 경우, 각 종 해외영화제 참여와 수상으로 해외배급에는 큰 홍보효과를 가졌고 실제 유력한 해외배급사와 계약을 맺는 성과를 얻었다. 〈두 개의 문〉은 애초 기획 자체가 국내 관객과 국내의 정치사회적인 상황에 영향을 끼치려는 의도였기 때문에 해외영화제 참여는 거의 없었고, 국내 수상은 성과에 크게 기여하지는 못했다.

〈님아, 그 강을 건너지 마오〉와 〈두 개의 문〉 모두 핵심관객을 설정해 놓고 그에 맞는 홍보 마케팅 전략을 세운 것이 효과를 거두었다. 물론 방향과 내용은 차이가 있었다. 〈님아, 그 강을 건너지 마오〉는 요즘 대중적인 상업영화에서는 필수적인 20대를 핵심관객으로 설정했다. 이는 흥행의 규모를 좀 더 크게 본 배급사의 노련한 전략이었다. 온라인 중심의 모든 마케팅용 삐띠지들을 20대 타깃에 맞게 제작, 배포해, 젊은 관객들을 중심으로 이전까지 보지 못했던 판타지 러브 스토리로 소구했고, 이후 중장년층으로 확대하여, 부부간 관계를 돌아보게 하고 향수와 추억을 떠올리게 함으로 소구, 관객을 확장시켰다. 반면 〈두 개의 문〉은 소위 오피니언리더들과 시민단체, 인권단체들에게 영화의 소재를 통한 참여적 성격으로 접근하였다. 특히 정치사회적 다큐멘터리에 오피니언 리더의 영향을 경험한 시네마달의 대표인 김일권 씨는 핵심관객에 대한 특별한 경험을 말한다.

> "이전에 경계도시2를 개봉했어요. 송두율 교수를 다룬 이야기인데, 그 영화가 좀 어려운 영화에요. 그리고 이슈화가 되지도 않았고, 그 때 시민단체도 많이 만나서 조직화해보려고 했는데 다 안됐어요. 그런데 1만명이 들었어요. 그때가 SNS, 트위터가 막 붐이 일어날 때였어요. 이 영화를 본 사람들이 트위터를 하고 의견을 달고 했는데 지식인들 중심이었어요. 나름 대한민국에서 좌파거나 운동권이거나 지식인이거나, 의식이 좀 있다, 지면에 먼가를 좀 쓴다 하는 사람들이 거의 다 봤던 게 영향을 준 거죠." (김일권 대표 인터뷰)

이들은 〈두 개의 문〉에서 "배급위원"들로 구성되어, 충성도 있는 마케터로서, 주변의 사람들에게 영화를 전파해나갔고 특히 온라인에서는 그 확장력이 커져나갔다. SNS를 통한 핵심관객의 모습은 〈두 개의 문〉에서 훨씬 더 의미 있는 모습을 보였다. 〈두 개의 문〉에서 관객들의 소통은 보다 적극적으로 진행되었고 "배급위원 모집"으로 후원과 투자를 해, 영화에 부분적으로나마 참여했다. 권은혜(2014)는 이를 '참여관객'이라 칭하며 한국독립다큐멘터리 관객 운동이 2000년대 이후 웹의 활성화와 최근의 SNS라는 변화된 미디어 환경을 매개로 어떻게 이루어지고 있는지를 〈두 개의 문〉에서 성공적으로 보여주며 현실정치에서까지 힘을 발휘했다고 말한다.

또한 이 두 영화 모두, 신문과 방송을 통한 홍보 전략에서 성공을 거뒀다. 매체가 다양해졌지만 여전히 주류매체의 효과는 컸다. 〈님아, 그 강을 건너지 마오〉는 지상파방송에 영화 광고를 실행하고, 지상파뉴스에 전파를 탐으로써 중장년층으로 관객을 확장하는 데 결정적인 역할을 했고, 〈두 개의 문〉 또한 주요일간지에 매일 영화와 관련한 사회적 이슈들이 실리면서 지속적으로 관객을 극장으로 불러 모으는데 역할을 했다. 특히 정치사회적 소재의 다큐멘터리영화는 관객을 통한 흥행도 중요하지만 영화의 소재인 사건이나 인물이 회자되어 사회적으로 이슈화되는 것이 중요하기 때문에 더더욱 주류언론매체를 통한 광고나 홍보가 흥행에 필수적인 요인이라고 생각된다.

다큐멘터리 영화를 성공에 이르게 한 요인을 탐색해 본 결과, 두 영화에서 공통점과 차이점이 각각 나타났다. 먼저 공통점을 살펴보면, 창조적 영역에서는 강렬한 실화적 소재를 통해 영화적인 완성도를 가졌다는 점, 그리고 그 영화적 완성도가 관객을 확장하는데 결정적 역할을 했다는 점이다. 배급유통 영역에서는 영화의 성격에 맞는 배급전략을 도전적으로 실행했다는 점과 시의적 시기를 잘 택했다는 점이고, 마케팅 영역에서는 지상파 방송이나 유력한 일간지를 통한 광고, 홍보가 여전히 유효했고, 온라인을 통한 입소문 전략이 큰 영향을 미쳤다는 점을 들 수 있다. 극명하게 드러난 차이점도 있었다.

| 표 9 | 두 사례의 성공요인 비교

	성공 요인	님아, 그 강을 건너지 마오	두 개의 문
창조적 영역	스토리의 힘	보편적 감동의 소재	강한 사회적 소재
		극적인 스토리텔링	영화적 완성도
	감독과 제작자의 역량	TV휴먼다큐제작 노하우	새로운 영화적 스타일 완성
		프로듀서 역량 집중 발휘	진정성 소통으로 배급, 마케팅
	제작비 확보	민간투자	정부기관, 영화제 지원
		배급사투자	후원 모금
배급유통영역	배급사역량, 배급전략	대형배급사	다큐멘터리전문배급사
		와이드릴리즈방식	독창적인 배급방식 창조
	개봉시기	극장 수요 많은 시기 멜로가 소구하는 시기	정권말기와 대선시기
마케팅 영역	영화제성과	각 종 영화제수상을 통한 해외 배급	국내영화제 초청 및 수상
	홍보마케팅	홍보마케팅 전문 회사	제작자&배급사
		광고, 홍보, 입소문 등	SNS 중심으로 입소문 마케팅
	참여관객		'참여관객'의 진수를 보여줌.

먼저 〈님아, 그 강을 건너지 마오〉는 영화투자사와 대형배급사로부터 투자를 받아 와이드릴리즈(wide-release)개봉전략을 실행, 전 세대를 타깃한 관객 설정이 성공을 가져다 주었고, 〈두 개의 문〉은 독립영화, 예술영화 전용관 개봉을 시작으로 '참여 관객'을 통해 SNS 등 온라인을 적극 활용한 홍보, 마케팅으로 성공을 거두었다는 점이다. 이러한 차이는 다큐멘터리 영화 내에서도 유형의 차이, 즉 소재와 지향점의 차이에 따라 다른 전략을 실행할 수 있고, 또 그렇게 실행하여야 성공할 수 있다는 시사점을 주고 있다.

본 사례 연구는 한계점을 가지고 있다. 이 두 사례에서 보여 지지는 않았지만 다큐멘터리 영화를 성공에 이르게 하는 또 다른 요인이 있을 것이라 생각한다. 임흥순 감독의 〈위로공단〉, 이승준 감독의 〈달팽이의 별〉처럼 실험성과 예술성이 돋보이는 다큐멘터리 영화는 영화제를 통한 수상이 홍보에 큰 효과를 보이기도 했다. 즉, 본 연구의 사례의 한계로 관찰되어지지 않은 면이 있다. 그리고 다큐멘터리 영화의 성공요인을 탐색하면서 연구자는 여전히 관객 수나 매출액만을 그 성공요인의 종속변수로 두기 어렵다는 결론을 다시금 확인했다. 물론 이 연구는 서론에서 언급했듯이 경제적 성과를 목표로 하는 영화의 흥행에 도움을 주고자 시작했다. 그러나 사례를 통한 분석에서, 단순히 하나의 요인이 독립적으로 영화의 흥행에 직접적인 영향을 미치기 보다는 요인이 서로에 영향을 주면서 전반적으로 흥행에 영향을 미친다는 것을 알게 되었다. 또한 다큐멘터리 영화는 장르의 특성상, 관객 수가 일시적으로 적었더라도 사회적으로 영향을 미치는 정도에 따라 영화의 확장성과 전파력이 일반영화와는 다르게 지속되어 나타날 수 있다는 것 또한 발견했기 때문이다. 이러한 특별한 현상을 더욱 탐색하기 위해, 본 연구에 뒤 이어 4장에서 다큐멘터리 제작과 기획, 배급에 종사하는 전문가들과, 여러 현상들을 경험적으로 검증하고 제안하는 작업을 진행했고, 그 요인들의 중요도 분석(AHP)을 실행하게 되었다.

Chapter 03

다큐멘터리 영화의 성공요소 - 최근 성공한 다큐멘터리와의 접목을 통해

리트만과 콜의 영화 흥행요인에 대한 세 가지 구분에 〈님아, 그 강을 건너지 마오〉와 〈두 개의 문〉 사례를 통해 접목하면서 8개의 다큐멘터리 영화의 성공요소를 추출해 보았다. 그 8개의 성공요소들을 한국 다큐멘터리 역사에서 두드러진 성과를 보였던 다큐멘터리 영화들로 확장, 접목을 시도해 보겠다.

1. 스토리의 힘

일반적으로 영화를 흥행하게 하는 가장 큰 요인은 무엇보다 시나리오에 기반한 내러티브의 힘이라고 볼 수 있다. 그리고 그 시나리오에서 완성도와 작품성이 높은 영화가 나온다는 것은 보편적으로 모두가 인정하는 사실이다.

'현실(reality)'을 다루는 다큐멘터리 영화에서는 위와 같은 정설이, 영화의 '소재' 로부터 시작된다고 볼 수 있다. 다큐멘터리 영화에서 '소재'라 함은, '인물' 혹은 '사건''이슈' 등일 것이다. 어떠한 현실적 소재가 지금의 관객들에게 가장 어필할 수 있고 진한 감동을 줄 수 있는지, 그 소재를 찾아야 하고, 또한 그 소재를 통해 보편적 메시지를 끌어내는 것이 가장 중요한 흥행의 시작일 것이다.

다큐멘터리 영화 소재로서 '인물'은 그야말로 무궁무진하다. 이 세상을 살아가는 인물들의 다양한 삶은, 책에서 주는 어떠한 교훈보다, 교과서에서 주는 어떠한 가르침보다 동시대를 살아가는 사람들에게 가장 설득력 있고 공감 있는 내용으로 전달된다. 한 인간 또는 그들이 모여 있는 어떤 집단의 삶이 드러내는 메시지는 남녀 연령을 불문하고 모든 사람들에게 보편적인 감동을 선사할 수 있다. 영화 〈울지마 톤즈〉는 말기 암에 걸렸음에도 아프리카에서 헌신적 봉사의 삶을 이어간 한 신부의 이야기를 소재로 삼았는데, 이기적인 관계가 난무한 현실에서 믿기 어려울 정도로 헌신적인 모습을 보여준 주인공 신부의 이야기는 극장을 찾아 온 관객들로 하여금 감동의 눈물을 흘리게 했다. 또한 '사건'과 '이슈'는 다큐멘터리 영화의 장르적 임무에 충실한 '소재'라 볼 수 있다. 살아가면서 놀라운 뉴스는 넘쳐난다. 전쟁과 대형 참사, 엽기적인 사건들처럼 있어서는 안 될 일들이 발생하고 있고, 좀 더 나은 삶을 위해 우리가 고민해야 하는 많은 이슈들이 산적해 있다. 이런 '사건'과 '이슈' 이면에 가려진 이야기들이나, 대중적 매체에서 다루지 못한 논쟁거리들은 다큐멘터리 영화의 본질을 구현하는 '소재'라고 할 수 있다. 변영주 감독의 〈낮은 목소리〉 시리즈는 당시 아직 해결하지 못한 문제, 일본군 위안부들의 이야기를 담았다. 주류매체에서나 정부에서 관심을 보이지 않았던 위안부 문제를 지속적으로 다뤘고, 영화가 개봉된 이후 사회에서 많은 논의가 이루어지기 시작했다. '세월호 참사'를 다룬 〈다이빙 벨〉은 제작, 배급, 상영단계마다 이슈를 일으켰는데, 먼저 제작, 그 자체로도 많은 사람들의 관심을 받기에 충분했다. 또한 배급단계에서도 멀티플렉스배급 시도가 어려워지자, 독립 다큐멘터리 영화의 배급문제가 이 영화로 인해 다시 언급되었고, 부산 국제영화제에서의 〈다이빙 벨〉 상영 취소는 영화계의 독립성 훼손문제를 제기하기에 이르렀던 것이다. 이렇듯 '강한 사회적 소재'를 다룬 다큐멘터리 영화는 제작부터 배급, 상영까지 관심과 화제를 몰고 다닐 수 있다. 이런 관심과 화제성은 일반영화에서 흥행에 영향을 미치는 요인 중에서 '스타성 배우'가 주는 역할과 같다고 볼 수 있다. 영화에서 스타의 출연여부는 관객들이 관람영화를 선택 시 최우선적으로 고려하는 사항은 아니지만 아주 자연스럽게 영화에 대한 1차적 관심을 끌기에 충분한 요소라고 한다(한화성, 2015) 익히 알려진 사건의 이면을 다루거나, 알려지진 않았지만 알아야 할 '강한 사회적 소재'는 다큐멘터리 영화 흥행을 끌어

내는 '1차적 관심'의 역할을 할 수 있다.

다큐멘터리영화에서 이러한 '소재'의 힘은 '스토리의 힘'으로 발전되어야 한다. 다큐멘터리 영화계는 2000년대 이후, 다양한 스토리텔링과 제작양식을 보여주는 작품들이 많이 출현했다. 휴먼소재를 바탕으로 한 극적인 스토리텔링의 〈송환〉, 〈워낭소리〉, 〈말하는 건축가〉, 저널리즘양식으로 사회비판적인 소재를 다룬 〈다이빙 벨〉, 〈자백〉, 인터뷰와 이미지영상의 결합으로 새로운 '기록'을 만들어낸 〈논픽션다이어리〉, 〈두개의 문〉, 공간에 대한 미학적 영상 구현으로 메시지를 확장하려는 〈철의 꿈〉, 〈거미의 땅〉 등이다.

김혜원(2012)은 〈워낭소리〉의 흥행원인을 극영화스타일의 스토리텔링의 힘으로 보았다. 〈워낭소리〉는 2009년 개봉하여 290만 관객을 모은 다큐멘터리 영화다. 〈워낭소리〉는 이야기의 보편구성요소인 주제, 플롯, 공간, 캐릭터가 긴밀히 서로 잘 연결되어 있어 통일성이 완결된 드라마의 형태를 보여주고 있다고 했다. 그리고 주인공의 삶은 관객들에게 과거에 대한 향수와 부모에 대한 그리움을 불러 일으키는 메시지를 던졌다. 진실과 사실의 기록이라는 정체성을 전제로 하는 장르임에도 불구하고 허구로 대변되는 극영화를 뛰어넘는 극적인 스토리텔링과 보편적인 메시지가 주된 흥행 원인이었다고 본 것이다.

김동원 감독의 〈송환〉은 소위 '간첩'으로 남파되어 감옥에서 일생을 살았던 '비전향장기수'를 다룬 영화다. 출소한 이후 그들의 남한에서의 삶과 갈등을 감독은 1인칭 시선으로 관찰하며 45년간 감옥에서 보내야 했던 기막힌 인생사를 인간에 대한 깊은 성찰로 담아내었다. 10여 년의 긴 제작기간 만큼, 이야기는 풍부하고, 극적인 순간과 상황들이 들어 있어, 관객들은 주인공들을 이해하며, 그들이 처해있는 상황을 공감할 수 있어 큰 감동을 느낄 수 있었다.

현실에서 이런 강한 소재를 발굴, 극적인 스토리텔링으로 잘 배치하게 되면, 영화흥행의 가장 중요한 요인인 구전(입소문)에서 그 힘을 발휘한다. 개봉 첫 주를 책임지는 것은 제작자이지만, 관객을 극장으로 불러들이는 역할은 '구전'이 하는데, 이 '구전'의 핵심요소는 바로 영화의 내용, '스토리의 힘'인 것이다(한화성, 2015).

2. 제작주체(감독과 프로듀서)의 역량

앞서 다큐멘터리 영화의 소재와 스토리텔링이 매우 다양해 진 것을 보았다. 현재 한국 다큐멘터리 영화가 다양해진 것은 제작주체인 감독들이 다양한 출신이라는 것을 보여주고 있다. 그동안 다큐영화시장에서 주로 활동하던 인력 외에 새로운 인력들이 유입되었는데, 휴먼소재의 대중적인 이야기방식을 추구하는 TV휴먼다큐멘터리 독립PD출신들, 사회현실을 고발하는 저널리스트들, 다큐와 예술의 결합을 실현하는 다큐 아티스트들, 기존의 액티비즘 정신을 이으면서 소재와 양식에 다양한 시도를 하는 감독들, 일상적 소재를 자전적으로 풀어가는 영화학교 출신의 젊은 감독 등이 그들이다. 특히 TV다큐멘터리 독립PD출신들은 〈워낭소리〉와 〈님아, 그 강을 건너지 마오〉로, 다큐멘터리 영화로서는 최고의 흥행기록을 세웠다. 십 수 년 간 방송계에서 시청률을 담보해 온 '인간극장'류의 휴먼 다큐멘터리를 제작해 온 그들은 이제 영화로 진출해 대중적이면서 감동적인 영화를 제작, 개봉, 해외시장에 진출하는 등 다큐멘터리영화의 새로운 세계에 도전하고 있다. 〈다이빙 벨〉과 〈자백〉은 이른바 지상파출신의 저널리스트가 제작한 영화이다. 강한 사회적 비판을 끌어가는데 필요한 고급정보를 확보하고 끈질긴 추적의 과정을 감내할 수 있는 영화계의 저널리스트들이 등장한 것이다. 또한 영화학교 출신의 젊은 다큐멘터리 영화 키즈들도 보인다. 최근 해외영화제에서 큰 인기를 얻었던 〈버블패밀리〉의 마민지 감독은 한국예술종합학교 출신으로 2017년 EBS 국제 다큐멘터리 영화제에서 대상을 거머쥐었다. 기존의 액티비즘 다큐멘터리의 계보를 이어가면서 영화적 스타일로의 발전을 도모하는 모습들도 보인다. 홍형숙 감독은 한국의 액티비즘 다큐멘터리 감독의 대모격이다. 그가 제작한 〈경계도시1,2〉는 한국사회의 레드 콤플렉스를 깊은 성찰의 내러티브로 다큐멘터리 영화적 완성도를 보여주었다. 〈철의 꿈〉의 박경근 감독, 〈위로공단〉의 임흥순 감독은 다큐와 예술적 장치의 결합을 시도하며 해외영화제로부터 큰 반응을 얻었다. 현재 다큐멘터리 영화 감독들은 각자의 다큐멘터리 장르 영역에서 전문적인 내러티브 양식과 완성도를 보여주고 있고, 관객들에게는 신선한 다양성 영화로 다가가고 있다. 국내외 영화시장에서도 좋은 반응을 얻고 있으며 자연스럽게 다큐멘터리 영화의 외연을 확장하고 있다. 새로운 세대의 영화제작자들은 다큐멘터리 유형이 지닌 설교조의 느낌에 반발해 창의적이고 도발적이며 시각적으로 흥미를 자극하는 스타일을 모색했다.

다큐멘터리 영화 감독들은 그동안 1인 제작시스템으로 일해 왔다. 초저예산의 제한된 비용으로 영화를 제작하는 경우가 대부분인 다큐멘터리 영화계는 일인 다역과 최소한의 스탭을 중심으로 하는 제작 시스템으로 진행되어 왔다. 그러나 최근에 새로운 역할이 등장했는데, 바로 프로듀서 역할이다. 프로듀서는 영화연출이 잘 이루어지도록 영화제작의 시작부터 완성과 배급까지의 모든 과정을 총괄하는 사람으로, 제작과정에서 제작의 진행상황을 체크해가면서 예산을 관리, 제작 후 편집, 개봉준비, 배급, 홍보에 이르기까지 모든 기능을 총괄해 나가야 하는 핵심주체이다(김주수 임성준, 2011). 프로듀서의 등장은 두 가지 의미가 있다. 하나는 기획, 투자, 배급 등의 과정을 실현, 또는 확대하여, 전문적인 영화제작 시스템으로 다큐멘터리 영화를 제작한다는 것이고, 다른 하나는, 영화연출자에겐 좀 더 영화연출에만 집중하게 하여 완성도를 높이는데 기여한다는 의미가 있다.

다큐멘터리 영화에서 프로듀서의 역할은 제작비를 확보하는 데서 시작한다. 그래서 정부기관 및 재단, 국내외 영화제 지원 프로그램에 참여하여, 제작비를 지원 받거나 온라인펀딩을 기획, 실행한다. 그리고 영화제에 참석한 국내외 배급사들과 투자자들에게 영화를 홍보하고 그 과정에서 네트워크를 형성하여 배급통로를 마련한다. 또한 영화소재에 맞는 새로운 상영방식을 모색하기도 한다. 그리고 영화적 완성도를 갖추기 위해 편집자와 사운드 등 기술적 관계자 등의 스탭을 구성한다. 그리고 더 나아가 민간투자자를 유치하기도 하고 배급, 홍보를 담당할 배급사를 선택하는 일도 진행한다. 그동안 다큐멘터리 영화 분야에서 잘 실행되지 않았던 이러한 역량들은 한국 다큐멘터리 영화에 있어 하나의 중요한 성공요인이 되어 가고 있다.

3. 제작비확보(투자, 제작지원, 온라인펀딩)

제작비 요인은 여러 연구들을 통해 지속적으로 그 영향력이 검증되어 왔다. 즉, 제작비가 높을 경우 높은 개런티를 요구하는 인기 배우 및 제작진을 확보할 수 있고, 또한 특수효과 등 기술적 완성도를 높일 수 있다는 것이다(이양환 외. 2007). 그래서 제작비는 영화 제작자에게 가장 중요한 결정사안이다. 다큐멘터리영화에서도 마찬가지다. 그러나 그동안 다큐멘터리영화 제작자들은 대부분 직접투자를 했다. 직접투자란 저예산영화에서 많이 이루어지는 모습으로 개인 혹은 몇몇 사람들의 자금을 융통하여 투자하는 경우이다.

❙표 10❙ 2002년부터 2008년도까지 저예산영화들의 투자현황(최은화, 2012)

직접투자	메이저투자	부가판권구매자	다양성펀드	정부지원	해외판매
43%	21%	8%	8%	16%	3%

위의 표와 같이, 저예산영화의 자금은 직접투자가 많고, 다양성펀드나 정부지원의 형태로 투자가 이루어지고 있다(최은화, 2010). 저예산영화도 이러할 진대, 다큐멘터리영화는 더더욱 직접투자가 많은 상황이었다. 다큐멘터리영화는 민감한 사회적 소재를 다루고 있는 경우가 많기 때문에 투자사들이 투자를 꺼려한다. 대부분의 제작사가 자체자본으로 제작비를 조달해왔고, 근래 정부기관, 영화제 피칭펀드, 지자체영상위원회의 지원프로그램을 통한 제작비 조달이 필수적인 방법이 되었다. 다큐멘터리영화에서 제작비확보는 기본적으로 안정된 비용구조 안에서 제작하여 영화제작에만 몰두할 수 있는 환경을 제작자들에게 제공한다는 것이 가장 큰 의미가 있다. 그리고 이 부분은 영화의 완성도와 직결된다. 그리고 앞서 말한 것처럼, 이제 다큐멘터리영화도 제작 뿐 아니라 배급, 상영, 마케팅 등 많은 관객을 만나 수익을 얻는 상업영화 시스템 구조 안에 들어왔기 때문에 제작에 필요한 비용 뿐 아니라 배급과 마케팅에 사용할 비용 또한 흥행성과의 필수적인 요인이 되고 있다.

최근 제작된 다큐멘터리영화 대부분, 위에서 언급한 제작지원을 받은 경우다. 정부나 지자체의 계속되는 지원, 두루두루 문화산업에 투자를 많이 하는 사회적 분위기, 대중적인 소재의 다큐멘터리영화들이 수익을 낸 사례가 등장하면서 제작지원과 투자는 더욱 더 확대되고 있다. 게다가 온라인 플랫폼의 활성화로 잠정적인 영화관객이 될 일반사람들의 십시일반 투자와 기부 또한 이어지고 있다. 2015년 추석에 개봉된 〈춘희막이〉는 지원금, 투자금 합해서 3억 가까이의 비용으로 제작되었다. 〈춘희막이〉는 인천다큐멘터리포트와 산수벤처스가 공동으로 마련한 기금을 투자받았고, KCA와 암스테르담영화제의 지원, CGV아트하우스 배급지원 등 유수한 제작지원을 받은 영화다. 4년의 제작기간 동안, 영화적 완성도를 더하기 위한 기술적 작업 또한 전문적으로 진행할 수 있었고, 해외영화제 참여를 통해 해외 배급사와 계약을 이어갔다.

변영주 감독의 〈낮은 목소리〉는 최초로 극장 개봉한 독립다큐멘터리영화다. 이 영화는 당시 처음으로 "1백 피트 회원 모금 운동"이라는 독특한 방식의 후원방법으로 제작비를 마련했고 관객들은 극장에서 이 영화를 만날 수 있었다. 가장 최근에는 MBC PD수첩 출신의 최승호 감독이 제작한 국정원 간첩조작사건을 다룬 다큐멘터리 영화 〈자백〉이 극장개봉을 위해서 온라인으로 크라우드 펀딩을 하였다. 개봉비용 2억원을 목표로 모금에 나섰고, 4억여 원이 넘는 비용이 모아졌다. 대기업 멀티플렉스 관에서는 개봉하지 못했지만, 이 비용으로 150여 개에 달하는 스크린에서 개봉, 정치사회적 소재를 다룬 영화로서는 드물게 10만 관객을 돌파했다. 이 영화가 10만 관객을 달성하는 데 성공한 결정적인 요인은 배급비용의 제작비가 확보되었기 때문이다.

4. 배급전략

영화를 관객에게 도달시키는 일이 배급이다. 가장 대표적인 배급은 극장에서 영화를 상영하게 하는 것이고 비극장 배급으로 IPTV와 케이블의 VOD서비스,

온라인 다운로드, 방송 등의 부가상영이 있다. 다큐멘터리영화는 '공동체상영'이라는 다큐멘터리 장르에서만 가능한 배급방식도 갖고 있다. 그러나 가장 중요한 배급은 역시 극장 배급이다. 기본적으로 극장에서의 '관객 수'는 그 홍보효과로 인해 부가상영에서의 성과까지도 보장해주기 때문에 극장 배급은 포기할 수 없는 배급방식이다. 그러나 대중적이지 않은 다큐멘터리영화를 그것도 저예산의 비용을 가지고 많은 관객들을 극장으로 불러 오기 위해서는 그 배급전략이 매우 중요하다. 그리고 다양한 소재의 다큐멘터리 영화 만큼이나 배급전략도 그에 맞게 다양하게 세워져야 할 것이다. 대중적인 소재와 극적인 스토리텔링의 형식을 갖춘 다큐멘터리영화는 소위 일반관객들의 관람을 기대해 볼만 하다. 최근 다큐멘터리영화도 수익을 올린 사례들이 속속 발생하면서, 그리고 실화의 힘에다가 대중적인 가치와 영화적 스토리텔링이 더해진 작품들이 '다큐멘터리도 재밌을 수 있다'는 가능성을 더하면서, 이 변수들을 당당히 성공의 잣대로 정할 수 있게 되었다(이진이, 2013). 이렇게 일반 관객의 관람을 기대해 볼만한 다큐멘터리 영화는 배급사의 파워가 흥행성과에 결정적인 영향을 끼칠 수 있다. 배급사는 적정한 극장과 특정 영화를 개봉하기로 약정을 맺어 영화를 관객에게 선보이게 되는데, 시장에서 극장점유율이 높은 배급사는 점유율이 낮은 배급사에 비해 상영관과의 관계에서 상대적으로 높은 협상력을 가지게 되며 그 결과 상영관의 수를 많이 확보할 수 있고 상영기간도 증가시키는 것이 가능하다(장병희, 2015).

현재 우리나라에서 이러한 파워를 가진 배급사는 대부분 대형배급사들이다. CJ E&M, 롯데엔터테인먼트, 쇼박스, CGV아트하우스 등이 그들인데, 이들은 모두 자체적으로 멀티플렉스관을 가지고 있어, 극장점유율이 높은 배급사다. 이러한 대형배급사와의 파트너십은 중소배급사들의 활로를 막고 있다는 측면도 있으나, 다큐멘터리 영화도 오로지 작품의 힘으로 대형배급사와 파트너십을 가질 수 있고, 또한 그 결과로 얻어진 성과경험으로 보편성과 대중성을 더 강화하여 일반관객들에게도 사랑을 받을 수 있는 외연이 확장된다는 측면 또한 간과하지 말아야 할 것이다. 이런 대형배급사의 파워는 완성도 있는 다큐멘터리영화라면 흥행성과에 결정적인 역할을 할 것으로 기대된다. 특히 상업적 영화 시스템에서 성공할 수 있는 여러 요건들을 갖췄다면 더더욱 배급사파워와의 협업 전략은 시도해 봄이 마땅하다.

그러나 대형배급사를 만나기에 어울리지 않는 다큐멘터리영화도 있다. 다큐멘터리영화는 여전히 공공재적 성격과 문화의 다양성을 추구하는 역할을 한다. 이런 역할을 계승하며 제작된 다큐멘터리영화는 상업적 시스템 안에서 배급전략을 펼치기 어렵다. 이런 영화에 맞는 배급전략이 필요하다. 앞서 다큐멘터리영화의 새로운 인력 유입, 전문화 되어가는 현상을 서술한 바 있다. 여기에 다큐멘터리 전문 배급사의 등장 또한 포함된다. 또한 다큐멘터리 전문 배급사라 함은 다큐멘터리만 배급하는 배급사와 다양성영화를 전문으로 배급하는 배급사를 통칭하기로 한다. 여러 다큐멘터리영화를 배급해 오면서 다양한 배급방식을 시도한 경험이 있고 실제 성공을 거둔 경험도 많다. 크게 두 가지 방식이 있다.

첫 번째로는 전통적으로 다큐멘터리 영화의 공공재적 성격이 영향을 준 배급방식을 들 수 있다. 바로 공동체 상영이다. '공동체상영'은 영화를 보고자 하는 관객들이 직접 영화를 임대하여 자발적으로 상영하고 관람하는 형식의 상영회를 말하는데, 〈낮은 목소리〉〈송환〉에 이어 김명준 감독의 〈우리학교〉(2007)가 추진하였는데 〈우리학교〉는 가장 성공한 사례로 알려져 있다. 〈우리학교〉는 극장 개봉뿐 아니라 지역상영회와 해외 교포상영회가 동시에 이루어졌는데, 비공식 집계지만 공동체상영 3만, 극장개봉의 7만을 합쳐 관객 10만에 이르는 성과를 거두었다(씨네21, 2012). 당시 〈우리학교〉의 제작자인 고영재 프로듀서와 배급사였던 '영화사 진진'은 다양성영화를 꾸준히 제작해 오고 배급해 온 전문가들이다. 특히 고영재 프로듀서는 '공동체상영'을 위한 지역의 미디어단체나 상영위원회를 이미 네트워크화 해놓았다. 또한 지역상영회를 찾았던 관객들의 요청은 극장 CGV에 개봉관이 마련되기도 하는 등 이른바 공동체상영이 극장개봉으로 연계되는 선례가 발생하기도 했는데(남인영 외, 2009), 이 또한 고영재 프로듀서와 배급사의 극장과의 관계를 통한 노력의 성과라 볼 수 있다. 이러한 모습은 기존 멀티플렉스 및 예술영화 전용관을 넘어선 상영 공간과 상영 방식의 다변화를 시도함으로써 다양성영화의 관람기회를 넓힌 사례로 주목할 만했다(정인선 외, 2008). 기존의 상업영화와의 유통과정에서 형성된 시장과는 전혀 다른 의미로서의 '시장'개념에 대한 상상력이 필요하다. 그것은 소통공간으로서의 시장이라 할 수 있다. 소통공간으로서의 시장이라는 의미가 형성될 때, 다큐멘터리 영화의 배급은 주류배급과는 다른 형태를 지닐 수 있게 된다. 소통은 상호통합의 실천, 사회적 관계맺음의 활동이기 때문에 공공영역과 따로 떨어져서 생각할 수 없다. 다양한 의사소통의 실천 공간으로서의 공공영역을 형성하는 것은 폐쇄적인 관객층을 넘어서 다양한 관객층과의 만남을 고려하는 것이라 할 수 있다(남인영 외, 2009).

두 번째 방식은 보통 다양성영화나 저예산영화에서도 시도하는 배급전략인데, 비용이 많이 드는 와이드 릴리즈 방식이 아닌 소규모로 예술영화전용관이나 독립영화전용관에서 상영을 시작해서 적극적인 입소문 마케팅을 벌여 점진적으로 자연스레 상영관을 확장하는 일이다. 대부분의 프랑스 영화는 경제적 논리가 적용되는 상업적인 배급시스템보다는 예술영화전용상영관에서 주로 상영이 되는데, 극장/배급사 입장에서는 첫 주 관객동원이나 관객들의 반응에 따라 스크린 수를 확대해 가는 전략들을 펴나가고 있다. 이는 극장 입장에서 극장 좌석점유율을 높이는 효과로 연결되기 때문이다(한화성, 2015). 실제 〈워낭소리〉에서 이와 같은 방식으로 성공을 거뒀다.

> "일부러 작게 개봉해 일정 좌석점유율을 유지하다가 점차 늘려나갈 생각이었습니다. 반응이 좋자 영화를 달라는 곳도 많았지만 '워낭소리'의 가치를 먼저 알아봐 준 극장들 위주로 상영하고 싶었고, 디지털 영화이니 장비가 갖춰진 곳에만 영화를 배급했어요."
>
> (한겨레신문, 2009. 고영재 프로듀서 인터뷰)

〈워낭소리〉의 배급을 맡은 고영재 프로듀서는 무리하게 무조건 처음부터 상영관 수를 늘리는 게 능사가 아니라고 생각했다. 더군다나 극장은 첫 주 개봉 스코어를 보고 금방 영화를 내리는 결정을 하기 때문이다. 적은 수의 영화관으로 시작, 오히려 입소문 마케팅에 자원을 투입, 성공했다고 한다. 7개관으로 작게 출발한 덕에 배급·마케팅 비용을 무리하게 쓰지 않을 수 있었고, 40~50%의 높은 좌석점유율을 유지할 수 있었다. 작품이 좋고 감동적이라는 입소문은 점점 퍼져 상영관 수가 늘어갔고, 결국 다큐멘터리영화 초유의 기록을 세웠다. 〈워낭소리〉의 순차적 상영관 확장은 단순히 영화 한편의 흥행을 떠나 극장 배급문화에 대한 해소라는 긍정적 반응을 낳았다. 영화사 진진의 김난숙 대표는 "단 한 개관에서 개봉해도 관객반응이 좋으면 개봉관을 늘리는 미국이나 일본과 달리 소규모 개봉, 와이드 릴리즈로 이분화 된 방식을 고수하는 한국의 극장가가 변화할 여지를 안겨준 케이스다"라고 의미를 전한다(씨네21, 2009).

전체 영화산업 규모에서 볼 때 다큐멘터리영화는 매우 적은 자리를 차지하고 있다. 그러나 다큐멘터리영화 안으로 들어서면 매우 다양한 내용과 형태의 다큐멘터리 영화들이 있다. 그만큼 배급전략 또한 적절한 전략이 선택되어져야 한다. 그래야 성공에 더 다가갈 수 있을 것이다.

5. 개봉시기

일반적으로 개봉시기를 정할 때 주로 고려되는 요인은 개봉시기의 수요규모, 경쟁의 정도, 시기적 특성이 있다(장병희, 2015). 개봉시기의 수요규모는 한국영화시장에서는 주로 방학과 명절 시즌, 크리스마스시즌이 가장 수요가 증가하는 시기이다. 그리고 개봉시기 즈음에 빅 영화들이 어떻게 포진될 것인지를 염두에 둬야 한다는 것, 그리고 계절적 특성과 그 시기에 특별한사회적 분위기도 고려해야 한다는 것이다. 그러나 다큐멘터리 영화의 경우 이러한 특성을 반영해 개봉시기를 결정하긴 어렵다. 기본적으로 다큐멘터리영화는 대중성이 부족하고, 저예산으로 만들어진 소규모의 장르이기 때문에 극장에서 이런 시기에 스크린을 내주지 않는다.

물론 다큐멘터리 영화도 대중성 있는 휴먼소재일 경우, 수요규모가 큰 시기와 계절적 특성을 반영한 시기를 개봉시기로 잡아볼 수 있겠다. 이미 몇 차례에 걸쳐 이런 소재의 다큐멘터리영화가 관객몰이를 한 적이 있기 때문에 아예 기획부터 대형배급사와 손잡고 해 봄 직 하다고 생각한다.

전반적으로 다큐멘터리영화에 영향을 주는 개봉시기요인은 사회적분위기다. 물론 이 사회적 분위기는 다큐멘터리 영화뿐 아니라 일반 영화에서도 영향을 끼친다. 사실 사회적인 분위기는 영화흥행요인으로 매번 이야기는 되고 있으나, 실증적인 연구로 정확하게 검증된 적은 없다. 그러나 최근 한국영화계에서 천만관객을 바라보고 또 일부 성과를 거두고 있는 측면에서 매번 이 사회적분위기요인이 회자되고 있다. 일반 영화계에서는, 500만~600만까지는 영화의 힘이 작용하나 1000만 관객을 동원하기 위해선 '사회적 분위기'가 작용하고 있다는 설이 있다. 예를 들어 '명량(2014년)'의 천만관객신화는 대한민국의 리더십 부재를 사회적으로 크게 공감한 분위기에서 나왔다는 분석들이 있다. 영화 자체의 힘을 넘어 사회적 이슈를 만들어내는데 성공해야 한다는 얘기다. 아주 조용히, 지속적으로 관객이 찾아 역대 한국 다큐멘터리 영화 중 흥행 4위 기록을 달성한 영화가 있다. 바로 〈무현, 두도시이야기〉(2016)이다. 2016년 10월에 개봉한 노무현 전 대통령의 이야기를 다룬 이 영화는 누적 관객 15만 명을 돌파하며 마침내 '님아, 그 강을 건너지 마오'(480만 명), '워낭소리'(293만 명), '울지마, 톤즈'(44만 명)에 이어 역대 한국 다큐멘터리 영화 중 흥행 4위라는 주목할 만한 기록을 달성했다. 이 조용한 영화의 '흥행4위라는 성적'은 노무현 탄생 70주년, 서거 7주기라는 시기보다 올해 초유의 국정농단 사태를 가져온 최순실 게이트로 혼란스러워진 당시 정국이 가장 유력한 흥행요인이 되었을 것이라는 후문이 있다(중앙일보, 2016).

물론 이러한 사회적분위기는 영화를 제작하고 배급하고 상영하는 주체자들이 할 수 있는 건 아니다. 그러나 이러한 분위기를 간파해 홍보나 마케팅을 함께 하며 진행하면 어느 정도 성과가 있을 것으로 생각된다. 특히 다큐멘터리영화는 기본적으로 사회적 소재를 다루는 경우가 많은데 그럴 경우 특히 시의성이 중요하다.

다큐멘터리영화는 유명한 감독이나 배우를 통해서 홍보되는 것이 아니라 일반 대중이 관심을 가질 수 있는 사회적 이슈를 가지고 홍보하고 마케팅하는 것이 무엇보다 중요하다는 것이다. 그래서 영화가 다루는 소재와 관련 있는 시기, 더 적극적으로는 그러한 문제가 부각되었을 시기에 영화를 상영하는 게 맞다. 2017년 4월에 개봉된 다음의 두 영화는 개봉 시기를 아주 잘 고려한 영화였다. 〈다시 벚꽃〉(2017)은 국민노래가 된 "벚꽃엔딩"을 부른 뮤지션 장범준의 스토리로 "벚꽃 엔딩"이 한창 울려 퍼질 4월에 개봉되었고, 다른 하나인 〈더 플랜〉(2017)은 18대 박근혜 전 대통령이 당선되었을 당시 부정선거가 있었다는 의혹을 제기한 다큐멘터리영화로 다음 대선인 19대 대선이 치러지기 한 달 전 상영을 시작했다.

6. 영화제 성과

영화제 등에서의 수상 경력 역시 영화흥행을 설명하는 중요 요인이 될 수 있다. 예컨대 전국적인 개봉 이전에 영화제에서 수상을 했다면 일종의 홍보효과를 통해 흥행에 긍정적인 영향을 미칠 수 있다. 더욱이 영화제에서의 수상은 해당 영화의 작품성 및 완성도가 높다는 것을 의미한다. 즉 작품의 질이 높다는 의미이다. 대개 작품의 질과 흥행 간에는 긍정적인 관계를 예상할 수 있다(이양환 외, 2007). 이 요인은 특히 예술영화나 저예산영화에서 강력한 힘을 발휘하고 있는데 다큐멘터리영화에서도 이 기본 공식은 적용된다.

〈달팽이의 별〉(2011)은 시청각 중복장애인의 일상을 담은 스토리를 담고 있다. 이 영화는 세계최고 권위의 암스테르담 국제 다큐멘터리 영화제에서 장편경쟁부문 대상을 받았다. 암스테르담 영화제는 세계 최대의 다큐멘터리 영화제로, 아시아작품으로서는 처음으로 장편부문 대상을 〈달팽이의 별〉이 받았다. 이후

〈달팽이의 별〉은 이례적으로 스크린을 39개를 확보하게 된다. 물론 관객은 2만 명에 그쳤다. 그러나 관객들에게 편치 않게 다가갈 '중복장애인'을 다뤘던 점, 그리고 이야기 구성과 영상 표현 방식이 극히 대중적이지 않았음에도 불구하고 그 관객 수는 그리 적은 수는 아니라고 할 수 있다. 아마도 가장 큰 국제 다큐멘터리영화제에서 대상을 받았다는 점이 어느 정도 관객에게 호기심을 불러 일으켰을 것이다. 이렇듯 해외 영화제 수상 전략은 스크린 수를 많이 확보한다거나, 또 상영기간이 연장되는 등 국내 배급에 긍정적인 영향을 끼칠 수 있다.

또한 다큐멘터리 영화에서는, 영화제를 통한 중요한 다른 전략이 더 있다.

각 종 국내외영화제를 통해 받은 상금이나 지원펀드로 제작비를 확보, 작품의 완성도를 추구하는 전략이다. 제작비 확보는 안정된 제작시스템을 갖추는데 기여하고, 특히 해외영화제에서는 후반작업(색 보정, 사운드 믹싱, 편집 등) 에만 지원하는 해외현물지원들도 다수 있다. 또한 영화제에 참여하면서 수상을 하게 되면 해외배급이 이뤄지는 경우가 많다. 해외영화제에서는 특히 전 세계의 방송사, 배급자들이 참여하여 좋은 다큐멘터리에 투자하려는 피칭행사도 많고, 개개별 미팅을 통한 배급문의도 많이 이루어지고 있다. 실제 배급이 성사되는 경우도 있다. 〈달팽이의 별〉은 기획 단계부터 일본NHK, 핀란드국영방송 YLE의 펀딩을 약속받으며 공동제작 파트너가 되었고, 미국 선댄스다큐멘터리 펀드와 시네리치(Cinereach)에서 제작지원을 받았다. 또한 아시안 사이드 오브 더 독과 유로 독(Euro-Doc)의 공식프로젝트로 선정되어 해외방송사 배급에 결정적으로 영향을 주었다. 〈달팽이의 별〉은 한국에서의 성과보다 해외배급과 판매로 더 성공을 거두었다. 2012년 4월에는 미국 트라이베카 영화제 월드다큐 경쟁 부문에 진출, 미국 공영방송인 PBS의 POV란 프로그램에서 2011년 최고 다큐멘터리 12위에 오르며 미국판매시장에도 진출했다.

〈춘희막이〉도 기획 단계부터 세계 다큐멘터리 관계자들에게 소개돼 유럽과 중동 등지의 방송사와 공동 제작이 성사됐다. 네덜란드, 덴마크, 중동 등에 판매가 되어 상영되었다. 〈춘희막이〉의 순 제작비용 2억1천만여 원 중 절반가량이 해외 투자 분이다. 그리고 실제 비용 지원뿐 아니라 편집, 사운드 등 후반작업의 공동제작 또한 해외에서 이루어져 작품의 완성도를 높게 인정받았는데, 이 모두는 대부분 영화제에 참여하면서 얻은 성과다.

해외영화제 수상은 좁은 국내 다큐멘터리영화시장의 한계를 극복할 수 있는 대안이 된다. 다큐멘터리 영화 제작비는 많이 소요되지 않기 때문에 수상금도 제작비에 많은 보탬이 될 뿐 아니라 수상을 통한 해외홍보는 해외 유수한 배급사와 방송사에 판매가 되는 결정적인 역할을 하고 있다. 〈달팽이의 별〉의 이승준 감독은 차기작 〈달에서 부는 바람〉으로 미국의 선댄스와 트라이베카 다큐멘터리 펀드가 제작지원을 했고, 핀란드 공영방송 YLE에 선구매되었는데, 해외시장을 개척하는 이러한 도전들은 한국다큐멘터리영화 제작자들에게 영화제작을 지속적으로 할 수 있는 여건을 만들어주고 있다(배기형, 2015).

7. 홍보, 마케팅(미디어회자와 SNS 마케팅)

당연히 가장 중요한 미디어인 뉴스와 SNS에 회자되어야 할 것이다. 먼저 뉴스에 회자되는 일은 영화의 화제성과 관련이 있다. 다큐멘터리 영화의 화제성은 먼저 영화의 '소재'로 생기는 경우가 많다. 〈다이빙 벨〉은 가장 강하고 민감한 사회적 소재인 세월호 참사를 다뤘다. 21세기 대한민국 최대의 참사라 할 만큼 대형 참사였고, 세월호 관련 정보들이 기존 언론에서 많이 차단되고 있는 분위기에서 이 영화가 제작된다는 소식은 그야말로 뉴스거리였다. 더군다나, 부산국제영화제 상영거부, 멀티플렉스 취소 논란 등으로 영화자체의 내용보다는 주변 상황이 뉴스에 많이 거론되면서 큰 홍보효과를 거두게 되었다. 다음으로는 영화제 수상이나 정부지원, 투자유치, 비평가들의 평 등의 소식은 뉴스 노출에 아주 중요한 요인이 된다. 이런 부분은 영화의 완성도와 작품성을 기대하게 되어 이후 제작비 확보나 배급 등에 중요한 영향을 끼치게 된다. 〈춘희막이〉는 해외영화제 참여와 수상, 투자 유치 등의 뉴스로 실제 개봉당시 전국 268개의 스크린을 확보할 수 있었던 것이다(한국영화입장권통합전산망).

디지털 시대가 오면서 다큐멘터리 영화에는 새로운 기회가 찾아오고 있다. 일반 상업영화의 홍보, 마케팅 비용은 그야말로 어마어마하다. 실제 제작에 드는 비용보다 홍보, 마케팅 비용이 더 많은 영화도 제작되기도 했다. 이런 상황에서 소규모로도 홍보, 마케팅이 가능한 SNS는 다큐멘터리 영화에 새로운 활로를 열어 주었다. SNS는 그 자체가 정보의 새로운 생산과 유통의 장이 되기도 하지만 기존의 홈페이지, 카페, 유투브, 뉴스 같은 다양한 웹 페이지와 플랫폼들을 네트워킹하며 정보 공유의 핵심적 장으로 부상했다. 이에 SNS는 독립 다큐멘터리를 비롯한 독립 영화와 관객과의 소통을 더욱 풍부하고 수평적인 관계로 이끌어내며 적극적인 관객들을 형성해낼 수 있는 바탕이 되고 있다(권은혜, 2014).

〈워낭소리〉(2009)는 다양한 SNS를 통한 입소문으로 관객들이 극장으로 몰려간 성공적인 사례다. 제작자는 멀티플렉스나 영화관의 스크린을 다수 확보하기 어렵다는 판단을 하고 아예 다양한 웹페이지를 통한 이벤트와 홍보를 시작했다. 〈워낭소리〉의 제작자는 작품의 완성도에 확신이 있었기 때문에, 먼저 대규모시사회를 벌였다. 독립영화로서는 엄청 많은 규모인 2천명 초대의 시사회를 진행했다. 그리고 끊임없이 이슈를 만들어 입소문을 확장해 갔다. '소띠 해'라는 키워드로 8시 뉴스에 소개됐고, 5만 명이 넘어가자, 방송사들은 소띠 해에 볼 만한 영화로 〈워낭소리〉를 소개했다. 10만 관객을 돌파하자 다큐멘터리의 신드롬, 이변으로 인식되며 각 매체의 인터뷰가 쇄도했고, 또 선댄스 영화제 참가 시 언론에 또 한 번 이슈가 됐다. 블로그나 다음 카페에 프로듀서가 직접 참여, 관객과 직접적으로 소통하며 영화를 홍보해 나갔다. 〈워낭소리〉 프로듀서는 자신이 운영하는 블로그에 게재한 '할머니 할아버지의 사생활 방해를 자제해 달라'는 호소문을 올렸었다. 이 호소문은 하루 평균 5천~6천명, 주말 1만 명이었던 블로그 방문자는, 이 게시물의 포스팅한 날 방문자 2만 명을 돌파했다. 언론은 일제히 호소문에 관한 기사를 실어 날랐고, 영화를 미처 보지 못한 관객의 〈워낭소리〉에 대한 관심은 또 한번 증폭됐다. '할아버지, 할머니를 방해하지 말자'는 네티즌의 움직임까지 생길 정도였고 실제 이 호소문 기사를 보고 극장을 찾았다는 관객도 적지 않았다. 관객의 허심탄회한 물음에 직접 답을 하기도 하는 진정성 어린 소통이 진행되었고, 많은 인터넷 카페 등의 커뮤니티는 단체 상영을 하자는 번개가 심심치 않게 등장했다(씨네21, 2009). 7개관으로 시작한 이 영화는 위와 같은 SNS를 통한 입소문 덕에 장기상영이 가능했고, 80개의 상영관까지 확장할 수 있었다.

이제 개별관객들의 반응이 흥행에 미치는 영향은 절대적이다. 특히 최근 몇 년 사이 SNS 사용이 보편적 추세가 되면서 입소문이 퍼져나가는 속도나 영화의 흥행에 미치는 영향력 면에서 과거와 비교가 안 될 정도로 커졌다. 이제는 더 이상 자본의 힘으로 관객들을 몰아붙일 수 없는 시대가 왔다. 영화 콘텐츠 자체가 얼마나 양질인가가 가장 중요하다는 것인데, 이런 면에서 다큐멘터리영화로서는 SNS를 통한 입소문 마케팅은 필수이자 강력하게 흥행에 영향을 미치는 요인이 될 것이다.

SNS는 사회적 소재와 의견을 자유롭게 나누는 도구이자 플랫폼이다. 그런 SNS에 다큐멘터리 제작과 관련한 여러 의견들이 돌아다니는 것은 아주 당연할 일일 것이다. 그리고 영화작품뿐 아니라 그 소재인 사회적 현상과 사건에 대해 갑론을박하는 어찌 보면 다큐멘터리 영화의 아주 중요한 기능까지도 실행되어지고 있다. 제작자와 관객이 SNS를 통해 강한 소통을 하고 있는 것이다. 이런 소통은 다큐멘터리영화제작의 프로세스를 변화하게 하고, 성과에까지 이르게 하고 있는 것이다.

8. 참여관객

흥행을 최종 목표로 삼는 영화 산업에서 '관객'은 영화의 문화적, 산업적 가치를 확인케 해주는 집단이 된다. 관객은 단순히 흥미나 오락을 위해서만 영화관을 찾지는 않는다. 단순히 영화만을 관람하기 위해서라면 인터넷이나 IPTV, 모바일 등 다양한 미디어 매체를 통해 관람할 수 있기 때문이다. 관객이 영화를 관람하는 행위는 또 다른 문화행위의 동반성에 대한 기대감 이다.우리 사회(정치, 경제, 사회, 문화 등)의 이슈로 부각되고 있는 영화를 꼭 관람해야 하는 심리적 연대감으로 영화관을 찾는다는 것이다(한화성, 2015).

국내 영화관객들 또한 영화를 접근하는 태도가 크게 변화하고 있다. 관람영화를 선택하는 방식뿐만 아니라 영화관람 후 영화를 소비하는 패턴도 크게 달라지고 있다. 한화성(2015)은 이러한 현상을 '시네-프로슈머'라고 표현했다. 단순히 영화라고 하는 콘텐츠를 관람하는 정도의 수동적 태도에 멈추지 않고 좋은 영화를 찾아 제작을 독려하기 위해 소규모의 투자라도 주저하지 않고, 특정 영화를 좋아하는 사람들끼리 모여 그 영화를 오래 두고 볼 수 있도록 팬덤 활동을 활발하게 하는 등의 능동적 수용태도를 말한다. 이런 모습은 상업영화보다는 예술적 완성도가 높은 영화나, 특정 감독과 배우를 응원하는 예술영화, 독립영화에서 많이 나타난다고 했다.

특히 최근 다큐멘터리 영화에서도 이러한 현상이 더욱 활발히 전개되고 있다. 전통적인 다큐멘터리 영화의 관객은 주로 현장 노동자 ,학생, 사회단체 활동가들이었다. 그들의 관람은 문화적 행위라기보다는 정치적 행위로, 다큐멘터리 영화와 관객과의 관계는 그야말로 '연대'라고 할 수 있다(남인영 외, 2009). 다큐멘터리 영화 관객은 '영화'이기 때문에 관람하는 것이 아니라 그 소재에 관심이 있거나 주제에 대한 찬성의 의미로 관람한다는 것이다. 다큐멘터리 영화의 주된 소재가 사회적 소수자, 혹은 정치적 메시지를 담고 있기 때문에 주제와 소재에 대한 연대감을 표시하려는 관객층에 의해서 호응을 받고 있다. 또한 이러한 관객층을 다큐멘터리 영화를 통해 연결시키는 것이야말로 다큐멘터리 영화 제작을 통해 사회변화에 참여하고자 하는 다큐멘터리 영화의 생산주체들이 지니고 있는 욕망을 실현하는 것이기도 하다(남인영 외, 2009). 2000년대 이후 웹이 활성화되고

SNS가 등장하는 변화된 미디어 환경 하에서 이러한 다큐멘터리 영화 관객은 폭발적인 활동을 전개한다. 권근혜(2014)는 이들을 '참여관객'이라 명명했다. '참여관객'은 한국 독립다큐멘터리의 현재에서 분명히 가시화되고 효과를 발휘하고 있는 관객운동 현상이고, 디지털 미디어인 인터넷과 온라인상의 SNS, 크라우드 펀딩을 매개로 이루어지고 있다는 점에서 관객의 영역에서의 벌어지고 있는 트랜스 미디어적 실천이라고 참여관객의 현상을 설명하고 있다(권은혜, 2014).

영화 〈자백〉은 탐사보도 전문매체 '뉴스타파' PD인 최승호 감독이 '국정원 간첩 조작사건'을 취재하는 과정을 영화화한 다큐멘터리다. 다큐멘터리 영화로는 이례적으로 서울부터 제주도까지 총 62회의 대규모 시사회를 진행하며 상영을 시작해서 정치사회 다큐멘터리 사상 최고의 흥행기록인 14만 관객 달성에 성공했다. 이 결과는 상영 전 배급비용을 모으는 크라우드 펀딩 때 이미 예견되었다. 크라우드 펀딩을 오픈하고 하루만에 3천만원 모금에 성공, 80일 동안 1만7261명이 참여해 4억3427만원으로 모금을 종료했다.

다큐멘터리 영화는 기존의 상업영화에서 형성된 시장과는 전혀 다른 의미로서의 새로운 모습의 '시장'을 만들었다. 이 새로운 시장의 중심에는 '참여관객'이 있다. 다큐멘터리영화를 통해 사회적 관계 맺음의 활동을 하고 다양한 의사소통의 실천 공간으로서의 공공영역을 형성하고 있는 이런 모습들은 다큐멘터리 영화의 사회적 기능을 실현하는 모습과 동시에 영화흥행의 중요한 요인인 '배급'이라는 부분에서도 새로운 모습과 대안을 보여주고 있는 것이다(남인영 외, 2009).

Chapter 04

다큐멘터리 영화 성공요인은 무엇인가

1. 다큐멘터리 영화의 성공요인을 도출하다.

(1) 연구목적

이인혜, 조성빈(2014)은 회귀분석방법이 영화흥행요인을 연구하는데 있어 영화들의 이질성을 충분히 반영하지 못하고 있음을 제기한 바 있다. 다큐멘터리 영화의 AHP기법을 통한 중요도 분석을 다큐멘터리 영화의 흥행요인을 규명하는데 있어 가장 적절한 방법이라고 생각한 이유는, 일반적으로 흥행요인 연구는 관객 수를 종속변수로 하여 회귀분석을 사용, 1개의 독립변수를 규명하고 있다. 그러나 다큐멘터리 영화의 성공을 관객 수로만 규정하는 것은 다큐멘터리 영화의 본질과 특성이 반영되지 않은 접근이다. 하나의 요인이 결과에 얼마나 영향을 미치느냐를 보는 회귀분석보다, 현재 어떠한 요인들이 성공에 영향을 미치는지 그 요인들을 살펴보는 일, 게다가 초기 연구라 더더욱 다큐멘터리라는 장르의 본질과 특성이 반영된 요인을 명확히 살펴보는 것 또한 중요하다. 이런 면에서, 전문가들과 함께 델파이(Delphi)조사를 통해 다큐멘터리 영화의 성공요인을 선정하고, AHP(Analytic Hierarchy Process)기법을 통해, 그 요인 간 중요도와 우선순위를 탐색하여, 현재 황금기를 맞이하고 있는 다큐멘터리 영화 산업계의 종사자들의 인식과 이를 통해 다큐멘터리 영화계에서 일어나고 있는 변화와 현상을 살펴보고자 했다.

연구문제1: 다큐멘터리영화의 성공 요인 중 무엇이 가장 중요한가?
연구문제2: 다큐멘터리의 유형에 따라 성공요인의 우선순위는 다른가?
연구문제3: 다큐멘터리를 제작하는 제작군과 배급과 마케팅을 담당하는 배급군이 바라보는 다큐멘터리 영화 성공요인은 어떻게 다른가?

(2) 연구설계

다큐멘터리 영화의 성공요인 분석연구는 〈그림 7〉과 같이 크게 세 가지 절차로 이루어졌다. 첫 번째로 리트만의 카테고리의 틀 안에서 사례연구 결과와 영화흥행요인 기존연구를 접목시켜 1차적으로 본 연구자가 다큐멘터리 영화 성공요인을 선정하였다. 두 번째로는 2회에 걸친 델파이 조사를 통해 그 성공요인들의 검증작업을 진행했다. 델파이조사는 특정 영역에 일반화된 자료나 연구가 없을 시, 관련 전문가들의 경험과 직관에 근거하여 평가를 내리는 조사방법인데(이화룡・조창희, 2012), 다큐멘터리 영화에서 그 성공요인을 도출하는 연구는 처음 이뤄지는 연구이기 때문에 델파이 조사를 통한 작업으로 그 요인들의 타당성을 확보했다. 세 번째로 이 과정을 통해 확정된 요인을 가지고 상대적 중요도와 우선순위를 탐색하는 AHP분석을 실시하였다.

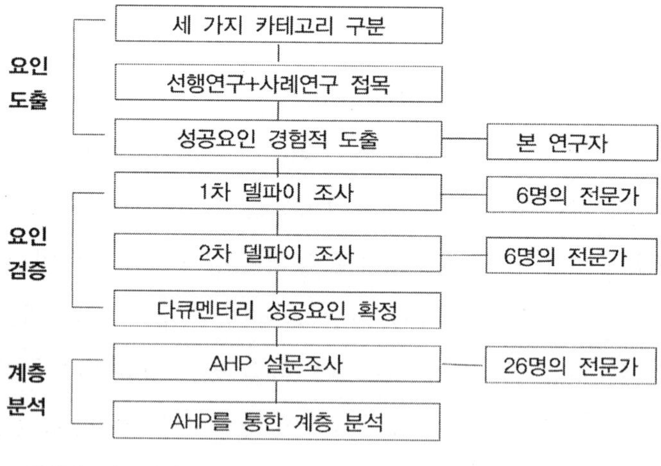

|그림 7| 다큐멘터리 영화 성공요인 AHP분석 연구설계 및 연구흐름도

(3) 요인 도출과 검증

먼저 요인을 도출하는데 있어, 리트만의 세 가지 카테고리 안에서 다큐멘터리 영화에 적용해 볼 수 있는 개념들을 살펴 보았다. 다큐멘터리 영화 제작단계에서 내리게 되는 주요결정은 크게 영화의 소재와 제작비인데, 스토리를 만드는 데 영향을 주는 요소들이 가장 중요하며 제작비는 인적 물적 요소를

▌표 10▐ 다큐멘터리 영화 성공요인 적용개념 POOL

구분	카테고리	적용개념묘사
다큐멘터리 영화 성공요인	창조의 영역	-일반영화에서 적용되는 등급, 감독, 스타의 영향력은 배제 -작품의 완성도를 결정짓는 다큐멘터리 고유의 특징 적용 -재원 마련(민간투자, 제작지원, 크라우드 펀딩 등)
	배급, 유통의 영역	-일반 영화산업의 배급방식 적극 도입 -정부나 기관의 인프라 구축과 지원, 네트워킹 -다큐멘터리 장르 특성에 맞는 배급전략 검토
	마케팅 노력의 영역	-홍보와 광고 효과, 영화제 수상과 참여 -비평가의 영역과 함께 일반관객과의 온라인 소통 측면 -정치사회적인 관심도 높은 관객과의 네트워킹 측면

확보하여 영화의 완성도에 기여하는 것으로 흥행에 영향을 미친다(김주수 · 임성준, 2011). 현재 한국다큐멘터리영화에서 제작비는 제작사가 투자를 직접하거나 정부기관이나 영화제 등에서의 제작지원, 크라우드 펀딩을 포함한 민간투자 등으로 제작비를 조달하고 있다. 이러한 요소들로 인한 완성도는 배급과 마케팅의 기본 초석이 되기 때문에 다큐멘터리영화의 창조적 영역은 성공의 기본골격의 역할을 한다. 다음으로 배급유통의 영역을 보면, 배급, 유통은 영화를 제작하고 나서 관객들이 가장 많이 볼 수 있도록 상영시기와 배급통로를 마련하는 일이다(장병희, 2015). 다큐멘터리영화는 극장에 개봉하는 것조차 쉽지 않고, 대형영화들과 경쟁하며 스크린 수를 확보하는 것에 상당히 어려움이 있다(장병희, 2015). 그렇기 때문에 정부의 지원과 제반 인프라 구축이 중요하다. 그러나 그럼

에도 불구하고 영화성격에 맞는 배급사를 파트너로 하여, 스크린 수를 확보하는 전략, 그리고 스크린을 장기간 유지시키는 전략 등 배급전략을 펴나가야 한다. 마케팅영역에서는 영화제에 출품하여 성과를 축적하고, 언론을 대상으로 홍보활동을 펼치며, 각 종 시사회를 통해 평단과 일반 관객의 반응을 얻는 마케팅 전략 등이 요인이 될 수 있다.

최근 SNS를 비롯한 온라인 활성화로, 비용을 많이 쓰지 못하는 다큐멘터리 영화도 마케팅을 적극 펼칠 수 있는 기회를 갖게 되었는데, 일반 관객들과의 소통과 네트워킹이 다큐멘터리 영화에서 특별히 작용하는 부분을 면밀히 살펴보아야 한다. 위와 같은 접근을 가지고, 본 연구자가 앞서 진행한 사례연구 의 결과와 영화흥행요인 기존연구의 접목을 더하여, 〈표 10〉에서와 같이 경험적으로 13개의 성공요인을 1차 도출해 내었다.

| 표 10 | 연구자가 확정한 13개 성공요인

직 위	카테고리	요인
다큐멘터리 영화의 성공요인	창조의 영역 (Creative Sphere) -제작의 영역	1. 강렬한 사건이나 인물 등의 실화 소재
		2. 미학적, 영화적 완성도
		3. 진행을 총괄하는 역량 있는 제작사, 프로듀서 확보
		4. 제작비(정부 등의 제작지원+민간투자)
	배급, 유통의 영역 (Distribution-scheduling & realise)	5. 정부, 영화제 등의 개봉지원
		6. 배급을 위한 크라우드 펀딩
		7. 배급사유형
		8. 영화성격에 맞는 배급전략
		9. 소재에 맞는 시의적 시기에 상영
	마케팅 노력의 영역 (Marketing Effort)	10. 영화제참여와 수상을 통한 홍보효과
		11. 광고, 홍보를 통한 미디어 회자
		12. 입소문마케팅(word of mouth)
		13. 참여관객

| 표 11 | 델파이 조사 패널의 구성

N	감독 군			배급 군		
	보편적 소재	정치적 소재	사회적 소재	다큐멘터리 전문	중소형	대형
6	1	1	1	1	1	1
경력	10년이상	10년이상	15년이상	10년이상	15년이상	5년

13개의 성공요인을 검증하고 확정하는 작업으로 델파이 조사를 시행했다. 이 조사에 참가한 전문가들은 총 6명으로 경제적 성과를 목표로 직접 제작, 배급을 실행한 경험이 있는 산업체 종사들로 구성했고, 감독 군 3명과 배급 군 3명이다. 감독군은 최근 휴먼, 사회, 정치적 소재를 각각 제작한 감독이고, 배급군은 다큐멘터리전문배급사, 중소형배급사, 대형배급사에 각각 종사하는 1인들로 구성하였다.

델파이 조사는 체계적으로 구성된 일련의 설문지를 동일한 사람에게 2회 이상 반복 실시하는데, 각 회의 설문지를 전체 전문가 집단에게 함께 제시함으로써 다른 응답자들의 정보와 의견이 서로에게 피드백 될 수 있게 했다(이화룡, 조창희, 2012). 설문지는 리트만의 카테고리, 다큐멘터리 영화에 대한 적용 개념, 그리고 본 연구자가 1차 도출한 요인에 대한 설명이 포함돼 있으며, 전문가들로 하여금 각 요인에 대해 O,X로 의견을 표시, 삭제되어야 할 요인에 대해서는 부연설명을 하게 했고, 새롭게 첨가되어야 할 요인이 있다면 자유롭게 기술하도록 했다. 먼저 1회 차에서 6명 모두가 찬성한 4개의 요인을 다큐멘터리영화의 성공요인으로 1차 확정했고 나머지 9개의 요인과 새롭게 제시된 요인 3개, 즉 '영화의 명확한 작가적 시선과 메시지', '기획개발과 선배급', '독립 및 예술영화 전용관 네트워킹 확보'등을 합하여 12개의 요인으로 2차 델파이 조사를 진행했다.

2차 델파이 조사에서는 6명중 4명이상이 찬성한 요인을, 다큐멘터리 영화의 성공요인으로 확정지었다. 보통 델파이조사 시 이러한 기준(60%이상으로 확정짓는 기준)이 정해져 있지는 않다. 본 연구자는 이 연구가 초기연구라는 점, 그리고 다큐멘터리가 소재에 따라 전개과정에 차이가 좀 있다는 점을 감안하여, 폭넓게 커트라인을 정하였다는 점을 밝힌다. '기획개발과 선 배급', '배급을 위한 크라우드 펀딩', '영화제 수상을 통한 홍보효과'가 기준에 못 미쳐 요인에서 배제되었고, 델파이 조사를 진행하는 동안 '배급사의 유형'과 '배급전략'이 내용이 중복된다는 점을 파악하여 이 두 개의 요인을 '영화의 성격에 맞는 배급전략' 하나로 정리했다. 그리고 현재까지 다큐멘터리 영화산업에서 민간투자가 극소수로 이뤄지고 있는 점을 감안, '제작비(정부의 지원 과 민간투자)'를 '정부, 영화제 등의 제작지원'으로 변경하였다. 이러한 과정을 통해 총 12개의 다큐멘터리영화의 성공요인이 최종 확정되었다.

┃표 12┃ 델파이조사를 통한 다큐멘터리 영화 성공요인 검증 과정

연구자 조사	1차 조사	2차 조사	최종
강렬한 실화 소재	→	확정	O
	(새로 진입)작가적 시선과 메시지	확정	O
영화적 완성도	→	확정	O
제작사, 프로듀서 확보	→	확정	O
제작비	→	(수정)제작지원	O
	(새로 진입)기획개발과 선배급	배제	X
개봉지원	확정	→	O
크라우드 펀딩	→	배제	X
	(새로 진입)영화전용관 확보	확정	O
배급사유형		(통합)배급전략	O
배급전략			
시의적 시기에 상영	확정	→	O
영화제참여와 수상	→	배제	X
미디어 회자	확정	→	O
입소문마케팅	확정	→	O
참여관객	→	확정	O
13개	16개	12개	12개

(2017년 6월~7월 실시)

2. 다큐멘터리 영화의 성공요인의 조작적 정의

(1) 강렬한 인물이나 사건 등의 실화소재

다큐멘터리 영화는 실화를 바탕으로 하기 때문에 기본적인 소재인 인물이나 사건이 강렬해야 한다. 인물이라면 캐릭터가 강해야 하고, 그가 처한 현실이 극적인 상황이어야 한다. 그리고 사건 또한 알려졌든 잘 알려지지 않았든, 사회적 이슈를 불러 일으키기 위해서는 그 사건 자체가 주는 강한 면모가 있어야 한다. 일반영화에서 '스타'는 영화에 1차적으로 호기심을 갖게 하는 요소라고 한다면(장병희, 2015), '인물'과 '사건'은 다큐멘터리 영화에서 그러한 '스타'의 역할을 한다고 볼 수 있다. 이러한 1차적 호기심은 관객들 뿐 아니라 관객들을 만나기 전 단계인 제작, 투자, 배급 등의 과정에서 영화를 어필할 수 있는 중요한 요소다.

(2) 영화의 명확한 작가적 시선과 메시지

다큐멘터리의 전개방식을 '인물'중심(Charater_Driven) 혹은 '사건' 중심(Topic_Driven)의 두 가지 큰 분류로 봤을 때 '인물의 성격'과 '사건의 갈등구조'를 서사구조에서 어떻게 잘 표현하고 풀어나가는가에 따라 그 다큐멘터리 영화의 성패가 결정된다. 그리고 그 중심에는 다큐멘터리 감독과 제작자의 명확한 시선과 메시지가 포함되어 있어야 한다. 새로운 시선과 인식을 통해 새로운 발견을 낳고, 그러한 메시지가 관객들에게 명확하게 전달될 때, 다큐멘터리 영화는 경쟁력 있는 작품성을 갖게 된다. '강렬한 인물이나 사건 등의 실화소재'를 바탕으로 극적인 스토리텔링과 명확한 메시지를 확보할 때 대중적 재미와 볼거리를 확보한 일반 상업영화들과 차별적 우위를 갖는 지점이 될 것이다.

(3) 미학적, 영화적 완성도

미학적, 영화적 완성도라 함은 기본적으로 관객을 극장으로 오게 하는 힘이다. 영화라는 장르의 예술적 요소를 다큐멘터리가 외면해서는 안 된다. 또한 관객을 만나기전에 영화는 많은 투자자들과 산업적 동료들, 관계자들을 만나는데, 이 단계에서 영화적 완성도는 영화제작과 개봉을 가속화시키는데 중요한 역할을 한다. 투자자와 배급사를 만나게 될 때 제작비용과 스크린을 확보하는데 영향을 미치며, 비평가의 힘보다 일반 관객의 힘이 더 커지는 입소문 마케팅에도 이러한 완성도의 요소가 더욱 강하게 영향을 미치고 있다.

(4) 진행을 총괄하는 역량 있는 제작사, 프로듀서 확보

그동안 다큐멘터리영화는 1인 제작으로 감독이 모든 것을 진행해왔다. 그러나 최근 흥행에 있어 두각을 나타내고 있는 다큐멘터리 영화들은 영화를 총괄하는 제작사와 프로듀서의 활동이 두드러졌다. 제작사와 프로듀서의 역할은 제작비마련이나 배급사선정, 전략, 마케팅 등 제작이외의 요소들을 담당하는데, 작품의 특성을 잘 파악하고 그에 맞는 배급환경을 찾아주는 것이 외적으로 가장 중요한 요소다. 이러한 요소들은 향후 더욱 흥행에 결정적인 역할을 하게 될 것이며, 이는 감독을 작품에만 전념케 함으로써 완성도 있는 영화를 제작하는데 영향을 준다. 이제 다큐멘터리영화도 기획단계, 프리 프로덕션단계에서 시스템을 통한 구체적인 제작과 투자 검토 등이 이뤄지기 시작했는데, 이러한 역할이 중요하게 부각되고 있다.

(5) 정부, 영화제 등의 제작지원

현재 다큐멘터리영화의 제작비가 꾸준히 상승하는 추세를 보이고 있다. 제작비의 가장 중요한 역할은 인적, 물적 확보를 통해 영화의 완성도를 높이는데 기여를 하는 것이고, 최근 산업적 경쟁의 환경에서 중요해진 배급과 마케팅 전략을 실행하는데 기여를 하는 것이다. 다큐멘터리 영화는 다양성 영화의 측면에서 차별성을 가지고 있지만 경쟁적 환경에 노출되어 있는 건 사실이다. 다큐멘터리 영화는 투자를 유치하기 어렵기 때문에 지원의 형태가 이루어져야 함은 필수적이다. 정부와 영화제 등의 지원은 물론이고 특히 온라인을 통한 펀딩 또한 지원의 형태로 이루어지고 있다. 일반 영화에 투자하는 것처럼 투자사의 투자와 배급사의 투자 또한 간간이 이뤄지고 있긴 하지만, 특별한 소재와 시기에 국한된 만큼, 정부와 영화제 등의 꾸준한 제작지원은 다큐멘터리 영화의 성공에 미치는 스테디 팩터(steady factor)라 할 수 있다.

(6) 정부, 영화제 등의 개봉지원

수많은 다큐멘터리 기획과 제작이 이루어지고 있지만 다큐멘터리 영화가 개봉까지 진행하지 못하는 사례도 많다. 수익창출이 드문 다큐멘터리 영화는 투자가 이뤄지지 않아 배급에 드는 비용을 마련하기가 어렵기 때문이다. 그래서 정부나 영화제 등에서 개봉을 지원하는 것은 필수적인 요소다. 한국의 다큐멘터리 영화가 최근 상영편수가 증가한(표 참고) 배경을 보면 적은 규모라 할지라도 정부와 영화제 등의 개봉지원이 꾸준히 있어왔기 때문이다. 정부의 개봉지원은 다큐멘터리 영화를 시장에 나오게 하는 기본 환경이라 할 수 있다.

(7) 독립 및 예술영화 전용관 네트워킹 확보

독립 및 예술영화 전용관으로의 네트워킹이 가능한 구조 또한 중요하다. 정부나 영화제 등에서 개봉지원이 이뤄지고 있지만 그 금액은 현실적으로 매우 부족한 액수이다. 이러한 비용으로 일반 상영관(특히 메이저)에서 개봉을 한다는 것은 어려운 일이다. 이런 상황에서 전용관마저 없다면 다큐멘터리 제작-유통의 선순환은 사실상 불가능하다. 〈워낭소리(2009)〉는 9개의 전용관에서 영화를 개봉함을 시작으로 SNS를 통한 입소문 마케팅 등의 전략으로 80개의 상영관까지 확장했다. 이렇듯, 다큐멘터리 영화가 전용관에서 개봉을 시작하여 여러 전략과 함께 관객을 확장하여, 이전에 얻지 못한 성과를 얻는 경우가 많아지고 있다. 독립 및 예술영화 전용관의 인프라는 최소한의 장치와 구조이고, 이러한 인프라의 네트워킹은 다큐멘터리 영화의 성공을 앞당기는 여러 전략을 구사하기 위한 기본 요소다.

(8) 영화의 성격에 맞는 배급전략

영화를 완성한 후 관객에게 영화를 도달시키는 일이 배급이다. 영화의 성공을 위해서는 영화에 대한 노출기회와 접근성이 아주 중요하기 때문에 어떤 배급사와 파트너를 맺느냐 또한 필수적인 흥행요소다. 역량 있는 배급사는 와이드릴리즈전략을 실행할 수 있고, 또한 영화성격에 맞는 다양한 전략을 펼치는 것이 가능하다. 스크린을 열어줄 극장네트워크를 갖고 있고 많은 배급전략 경험이 있기 때문이다. 그러나 역량 있는 배급사 선정만으로 흥행을 기대하기 어렵다. 워낙 경쟁이 치열하고, 변화무쌍한 관객들의 취향과 참여로 인해 영화의 성격, 비용규모, 핵심관객 타깃에 맞는 보다 세심한 배급전략이 필요해졌다. 와이드릴리즈전략은 기본적으로 흥행을 앞당기는 전략이긴 하나, 다큐멘터리 영화는 많은 수익을 기대하기 어렵기 때문에 이러한 전략을 펼치기 어렵다. 오히려 다큐멘터리 영화는 먼저 소규모로 스크린을 열어 관객으로 하여금 작품성으로 입소문을 내게 하며 조금씩 스크린을 확장하는 전략이 더 가능해 보인다. 또한 다큐멘터리 영화엔 전통적으로 공동체상영이라는 배급형태가 있는데, 최근 온라인상의 SNS와 더불어 힘 있게 배급 확대가 이뤄지고 있으며, 다큐멘터리 전문 배급 경험을 가지고 있는 전문배급사가 그 배급망과 전략을 접목할 때 대안적 배급의 모습을 기대할 수 있다.

(9) 소재에 맞는 시의적 시기에 상영

한국영화시장에서는 주로 방학과 명절 시즌, 크리스마스시즌이 가장 수요가 증가하는 시기이다. 또한 전형적으로 여름엔 액션, 겨울엔 멜로라는 경험적으로 얻어져 통용되는 시기도 있다(장병희. 2015). 그러나 최근 영화시장에서는 이런 전형적인 상영 시기 위에 더해진 더욱 디테일한 시기 전략들이 있어 보인다. 다큐멘터리영화의 경우 수요가 증가하는 시기에 극장에서 스크린을 내주지 않지만, 틈새 전략들을 사용하거나, 영화의 소재나 주제에 맞는 사회적 분위기나 시의적 시기를 노려, 일반 영화들과 경쟁한다. 영화를 즐기는 것을 넘어, 영화와 관련된 여러 가지 메시지와 사회적 분위기, 이슈 등을 함께 경험하며 소통하는 최근 영화관객들의 변화와도 관련이 깊다. 다큐멘터리 영화의 내용인 사회적 이슈가 홍보거리로써 큰 역할을 하기도 한다. 이렇듯, 영화가 다루는 소재와 관련 있는 시기, 특히 인물이나 사건 관련한 사회적 행동들로 분위기가 조성되는 시기에, 영화 관람은 더더욱 필수적이게 되고, 사회적 관심과 어우러져 폭발적인 관람이 이루어질 수 있다.

(10) 광고, 홍보를 통한 미디어 회자

기본적으로 홍보하고 광고하는 일은 모든 영화에서 필수적 요소이지만, 다큐멘터리 영화는 미디어에 얼마나 많이 회자되느냐가 아주 결정적인 요인이다. 영화제수상이나 정부지원, 투자유치, 비평가들의 평 등의 소식은 뉴스 노출에 아주 중요한 요인이 된다. 또한 미디어에 회자된다는 것은 영화의 완성도와 작품성을 기대하게 해, 이후 제작비확보나 배급 등에 중요한 영향을 끼치기도 한다. 특히 다큐멘터리영화는 영화 자체의 얘깃거리와 함께 소재와 인물에 관련된 이슈거리들도 많아, 매우 많은 뉴스를 생산할 수 있는데, 이러한 미디어 노출은 영화의 화제성을 극대화해, 관객을 대중적으로 확장하는데 결정적인 영향을 미치기도 한다.

(11) 입소문 마케팅(word of mouth)

SNS 활성화로 관객들은 영화를 보는데 그치지 않고 좀 더 적극적으로 영화와 관련한 의견과 정보들을 나눈다. 최근에는 비평가들의 평보다 일반 개개인의 관람평과 의견이 훨씬 강한 영향을 미치고 있다. 이러한 입소문은 제작이 완성된 후 배급과 마케팅단계에서 전방위적으로 영향을 끼친다고 하겠다. 특히 다큐멘터리 관객은 영화 뿐 아니라 관련한 이슈들을 더욱 적극적으로 소통하며 사회적 이슈에 참여하는 모습을 보이는데, 이런 과정에서의 입소문은 영화 관람에까지 관객을 도달하게 하기도 한다. 마케팅비용이 많이 부족한 다큐멘터리영화계에서 아주 유용한 마케팅전략이다.

(12) 참여관객

다큐멘터리 영화에만 보이는 특별한 현상이 있다. 주로 크라우드 펀딩에 참여하여 적극적으로 극장관람에까지 이어지는 관객들의 모습을 말하는데, 이는 최근 정치사회적 소재의 다큐멘터리 영화를 흥행에 이르게 하는데 가장 중요한 요인이 되고 있다. 권은혜는 과거 정치적 행위로서의 '관객운동' '관람운동'이 디지털, 온라인 환경에서 그 계보를 이어가는 현상들을 탐색했는데, 그 중심에 '참여관객'이 있음을 제시했다(권은혜, 2014). 영화에 온라인으로 펀딩하고, 영화의 홍보마케터 역할을 자처하며, 여러 커뮤니티들을 동원 또는 조직하여 대안적 배급을 실행하는 역할을 한다. '참여관객'은 영화가 기획되고 상영되는 과정까지 전반에 걸쳐 참여하며 강력한 영향력을 행사한다. 이러한 영향력은 영화흥행에 전반적으로 영향을 미치며, 이들과의 네트워킹은 흥행의 필수적 요소가 되었다.

| 표 13 | 다큐멘터리 영화 성공요인의 조작적 정의

성공요인	조작적 정의
강렬한 사건이나 인물 등의 실화 소재	뉴스나 웹 등 미디어에서 많이 회자되었던 실화, 사건 또는 인물
영화의 명확한 작가적 시선과 메시지	미디어 등에서 비평가들 일반 관객들의 평 내용 배급투자자들의 결합 모습, 감독과 작가 결합
미학적, 영화적 완성도	미디어에서 비평가들 혹은 일반 관객들 평 수 배급투자자들의 결합 모습, 제작기간 또는 제작비
진행을 총괄하는 역량 있는 제작사, 프로듀서 확보	제작사의 규모, 제작한 작품 또는 제작 건수, 프로듀서의 경력 또는 활동
정부, 영화제 등의 제작지원	정부, 영화제, 투자사 등의 제작지원 여부와 규모
정부, 영화제 등의 개봉지원	정부, 영화제, 크라우드 펀딩 등의 개봉지원 여부와 규모
독립 및 예술영화 전용관 네트워킹 확보	독립 및 예술영화 전용관 스크린 수, 스크린 상영 기간

성공요인	조작적 정의
영화성격에 맞는 배급전략	초기 스크린 수, 배급사 유형(대형,중형,소형)
소재에 맞는 시의적 시기에 상영	-보편적 소재 :일반 영화 상영시기 룰(멜로는 겨울, 가족 스토리는 명절연휴 등) -정치사회적 소재는 그 사건의 시의성에 따라
광고, 홍보를 통한 미디어 회자	미디어 회자 건 수 또는 미디어 유형
입소문마케팅 (word of mouth)	온라인 홍보 플랫폼에서의 반응 또는 참여 (프로모션, 홍보 등에서 일반관객 또는 비평가들 참여)
참여관객	크라우드 펀딩, 온오프라인 홍보,마케팅 참여

Chapter 05

다큐멘터리 영화 성공요인 중 가장 중요한 요인은 무엇인가

1. 성공요인 중요도 분석의 기법과 방법

(1) 분석기법

계층분석기법(AHP, Analysis Hierarchial Process)은 1970년대 초반 사티(Satty)가 개발한 분석기법으로 다양한 의사결정과정에서 상호관련성을 갖는 요소들을 계층화하고 이들을 쌍대비교(Pair comparison)하여 요소들 간 중요도를

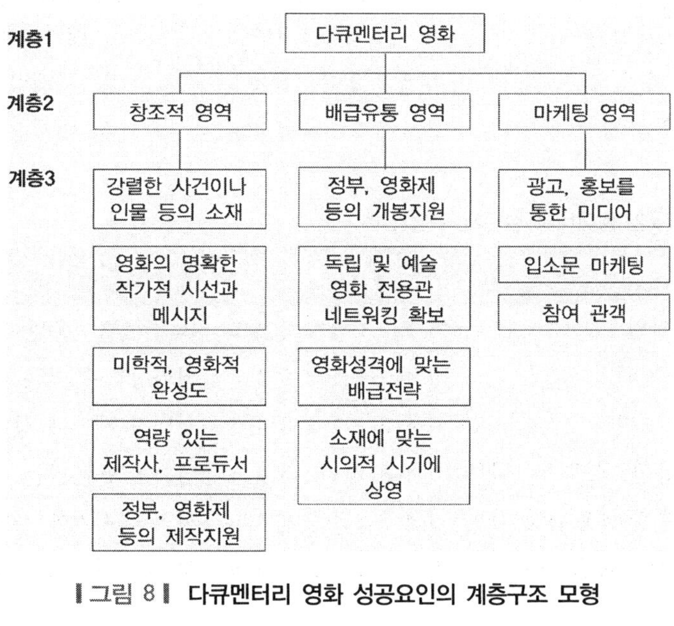

▌그림 8▌ 다큐멘터리 영화 성공요인의 계층구조 모형

정량화하는 기법으로(Satty, 1980), 계량적 접근이 어려운 분야에 대해 의사결정을 하는 경우 의사결정자의 경험과 판단을 구조화, 조직화, 체계화하여 성공요소의 가중치를 설정하는 기법이다(Satty and Vagas, 1991).

본 연구에서는 앞서 확정된 요인을 의사결정요소로 하여 계층구조화 하였고, 그 요인들을 쌍대 비교하여 의사결정자들의 선호를 측정하는데 5점 척도를 활용했다. 마지막으로, 고유벡터 법을 이용하여 요인들 간의 상대적인 가중치를 추정한다. 이때, 설문 대상이 여러 명의 전문이기 때문에 설문 대상자들의 의견을 기하 평균 하여(Geometric mean) 결과를 계산 하고 그 값을 통해 상대적인 가중치를 측정 해 분석했다(심용호・변기섭・이봉규, 2011). AHP기법에서는 신뢰도 측정을 일관성 지수 CR(Consistency Ratio)로 하는데, Saaty (2012)에 의하면 CR은 0.10이하여야 하고, 그 이상일 경우 재측정은 필수적으로 시행되어야 한다(Saaty, 2012). 본 연구에서도 신뢰도 측정에 CR을 사용했으며, 상위 카테고

표 14 상위카테고리 쌍대비교 설문지 구성의 예

측정 항목	평가 척도	측정 항목
창조적 영역	5 4 3 2 1 2 3 4 5	배급유통 영역
창조적 영역	5 4 3 2 1 2 3 4 5	마케팅 영역
배급유통 영역	5 4 3 2 1 2 3 4 5	마케팅 영역

표 15 하위요인 쌍대비교 설문지 구성의 예

측정 항목	평가 척도	측정 항목
정부의 개봉지원	5 4 3 2 1 2 3 4 5	독립,예술전용관 네트워킹 확보
정부의 개봉 지원	5 4 3 2 1 2 3 4 5	영화성격에 맞는 배급전략
정부의 개봉 지원	5 4 3 2 1 2 3 4 5	시의적 시기에 상영
독립,예술전용관 네트워킹 확보	5 4 3 2 1 2 3 4 5	영화성격에 맞는 배급전략
독립,예술전용관 네트워킹 확보	5 4 3 2 1 2 3 4 5	시의적 시기에 상영
영화성격에 맞는 배급전략	5 4 3 2 1 2 3 4 5	시의적 시기에 상영

리 3개의 요인과 하위요인 12개의 요인 각각의 상대적 중요도 및 우선순위를 도출하기 위하여 AHP설문지를 통해서 카테고리 간 또 카테고리 내 하위요인 간 쌍대비교를 실시하였다.

(2) 자료수집과 분석방법

델파이조사를 통해 확정된 요인을 전문가 26명에게 설문조사를 하는 방법으로 AHP조사를 실시했다. 이 연구는 경제적 성과를 도출하는 경제적 접근을 시도하고 있기 때문에 제작, 배급 등 산업계에서 종사하는 전문가들로 선정하였다. 26명의 전문가는 배급, 마케팅을 포함한 배급 군과 감독, 프로듀서, 제작자를 포함한 제작 군으로 나눠 선정하였는데, 배급군은 1개의 독립다큐멘터리 영화배급사, 2개의 중소형 배급사, 2개의 대형배급사를 무작위로 선정, 그 안에서 종사하는 9인의 배급, 마케팅 담당자로 구성하였고, 제작군은 이 배급사들과 함께 작업을 진행한 경험이 있는 감독과 제작자들로 구성하였다. 제작 군에는 감독이나 프로듀서가 제작사 대표를 겸하고 있는 경우가 많아, 정확히 세 가지(감독, 프로듀서, 제작자)로 구분되기는 어려웠다. 또한 이러한 배급 군과 제작 군 구분은 그 결과에도 차이가 있음을 주목할 필요가 있기 때문에 세심하게 표본을 선정하고자 했다. 또한 다큐멘터리 영화는 다루는 소재별로 유형의 차이가 나타나고 그 유형별로 다른 의견이 나타날 수 있음을 예상하여, 설문지에 주로 다뤘던 다큐멘터리 영화 유형을 표시하게 했다. AHP설문은 2017년 6월~7월에 걸쳐, 직접 방문 또는 이메일을 통해 실시했는데, 조사결과의 신뢰성을 높이고, 전문가들의 적극적인 참여와 의견개진이 중요했기 때문에 설문조사 대상자들에게 사전에 충분히 연구의 목적과 AHP기법에 대한 주의사항을 설명한 후 설문에 응답하도록 했다.

2. 다큐멘터리 영화 성공요인의 중요도 분석

(1) 응답자의 인구통계학적 특성

AHP조사에 참여한 26명의 전문가들의 인구통계학적 특성을 살펴보면 〈표 13〉과 같다. 성별분포는 여성이 53.8%, 남성 46.2%에 비해 조금 많았으며, 연령은 30대 23.1%, 40대 57.7% ,50대 19.2%, 경력도 10년 이하가 27.0%, 11년에서 20년이 53.8%, 21년 이상이 19.2%로, 연령과 경력은 각 구분별로 고루 분포되었다. 업무영역별 분포를 살펴보면 감독이 38.5%, 감독과 제작자를 함께 담당하고 있는 군 15.4%, 프로듀서 11.5%, 그리고 배급과 마케팅을 담당하는 배급 군이 34.6%로 나타났다. 감독과 제작자를 구분하고자 했지만 한국다큐멘터리영화산업의 특성상 상당 수가 감독과 제작자를 겸하고 있는 것으로 나타났다. 또한 전체 응답자를 주로 다뤘던 다큐멘터리 소재 유형으로 구분해 본 결과, 보편적 메시지를 전달하는 휴먼, 인물, 사건 등의 소재를 주로 다룬 경우와 강한 사회적 파급을 일으키는 정치, 사회적 소재를 다룬 경우가 각각 50%로 균형 있게 나타났다.

| 표 16 | 응답자의 인구통계학적 특성

<table>
<tr><th colspan="2">구분</th><th>빈도</th><th>퍼센트(%)</th><th colspan="3">구분</th><th>빈도</th><th>퍼센트</th></tr>
<tr><td rowspan="3">성별</td><td>남성</td><td>12</td><td>46.2</td><td rowspan="3">유형</td><td colspan="2">보편적 소재</td><td>13</td><td>50.0</td></tr>
<tr><td>여성</td><td>14</td><td>53.8</td><td colspan="2">정치사회적 소재</td><td>13</td><td>50.0</td></tr>
<tr><td>계</td><td>26</td><td>100.0</td><td colspan="2">계</td><td>26</td><td>100.0</td></tr>
<tr><td rowspan="4">연령</td><td>31~40세</td><td>6</td><td>23.1</td><td rowspan="8">업무
영역</td><td rowspan="4">제작군</td><td>감독</td><td>10</td><td>38.5</td></tr>
<tr><td>41~50세</td><td>15</td><td>57.7</td><td rowspan="2">감독 겸
제작자</td><td rowspan="2">4</td><td rowspan="2">15.4</td></tr>
<tr><td>51~60세</td><td>5</td><td>19.2</td></tr>
<tr><td>계</td><td>26</td><td>100.0</td><td>프로듀서</td><td>3</td><td>11.5</td></tr>
<tr><td rowspan="4">경력</td><td>5~10년</td><td>7</td><td>27.0</td><td rowspan="3">배급군</td><td rowspan="3">배급,
마케팅</td><td rowspan="3">9</td><td rowspan="3">34.6</td></tr>
<tr><td>11년~20년</td><td>14</td><td>53.8</td></tr>
<tr><td>21년이상</td><td>5</td><td>19.2</td></tr>
<tr><td>계</td><td>26</td><td>100.0</td><td colspan="2">계</td><td>26</td><td>100.0</td></tr>
</table>

(2) 전체 응답자의 상대적 중요도(우선순위) 결과

전체 응답자 26명은 상위 카테고리 중 가장 중요도가 높은 영역으로 창조적 영역을 꼽았다. 그 다음은 배급유통의 영역, 마케팅영역의 순으로 나타났는데, 2,3위로 나타난 영역들에 비해 창조적 영역은 압도적인 수치의 차로 1위에 올랐다.

| 표 17 | 다큐멘터리영화 성공요인 상위 카테고리 상대적 중요도 및 우선순위

상위 카테고리	상대적 중요도	우선순위
창조적 영역	0.49118	1
배급 유통 영역	0.26874	2
마케팅 영역	0.24008	3
계	1.00	(CR=0.083)

| 표 18 | 상위 카테고리 내 중요도 결과와 전체 하위요인 종합중요도 결과

상위 카테고리	하위요인	Local		Global	
		중요도	순위	중요도	순위
창조적 영역	강렬한 인물이나 사건 등의 실화소재	0.26078	1	0.12809	1
	영화의 명확한 작가적 시선과 메시지	0.24905	2	0.12233	2
	미학적, 영화적 완성도	0.22023	3	0.10817	3
	진행을 총괄하는 역량 있는 제작사, 프로듀서 확보	0.13604	4	0.06682	9
	정부, 영화제 등의 제작지원	0.1339	5	0.06577	10
배급유통 영역	정부, 영화제 등의 개봉지원	0.19205	4	0.05161	12
	독립 및 예술영화전용관 네트워킹 확보	0.2893	1	0.07774	6
	영화성격에 맞는 배급전략	0.27424	2	0.0737	7
	영화에 맞는 시의적 시기에 상영	0.24441	3	0.06568	11
마케팅 영역	광고, 홍보를 통한 미디어회자	0.35281	1	0.0847	4
	입소문마케팅	0.35168	2	0.08443	5
	참여관객	0.29551	3	0.07094	8

상위 카테고리 내 하위요인을 보면, 창조적 영역에서는 '강렬한 인물이나 사건 등의 소재'가 가장 중요한 요인으로 나타났고, 그 다음은 '영화의 명확한 작가적 시선과 메시지', '미학적, 영화적 완성도'가 각각 2,3위, '역량 있는 제작사, 프로듀서 확보'와 '정부, 영화제 등의 제작지원'은 다음 순위인 4,5위로 나타났다. 영화의 완성도를 결정짓는 요소 중에서도 외부에서 지원되는 요소보다 작품의 내용 그 자체를 결정짓는 요소가 더 중요하다는 결과를 보인 것이다. 다음, 배급 유통의 영역에서는 '독립 및 예술영화 전용관 네트워킹 확보'가 가장 중요한 우선순위로 나타났으며 다음으로는 '영화성격에 맞는 배급전략'이 두 번째 중요한 요인으로 나타났다. 마케팅 영역에서는 '광고, 홍보를 통한 미디어 회자'가 가장 중요한 요인으로 분석되었으며 다음 중요한 요인으로는 '입소문 마케팅'과 '참여관객'이 각각 2,3위로 나타났다.

전체 하위요인 종합적인 순위를 보면(그림9) 1,2,3위는, 창조적 영역의 요인들 중에서도 작품 자체의 완성도를 결정하는 내적 요인인 '강렬한 인물이나 사건 등의 실화소재', '영화의 명확한 작가적 시선과 메시지', '미학적, 영화적 완성도'가, 다음 4,5위로는 '광고, 홍보를 통한 미디어 회자', '입소문 마케팅'의 마케팅 영역의 요인들이 뒤를 이었다.

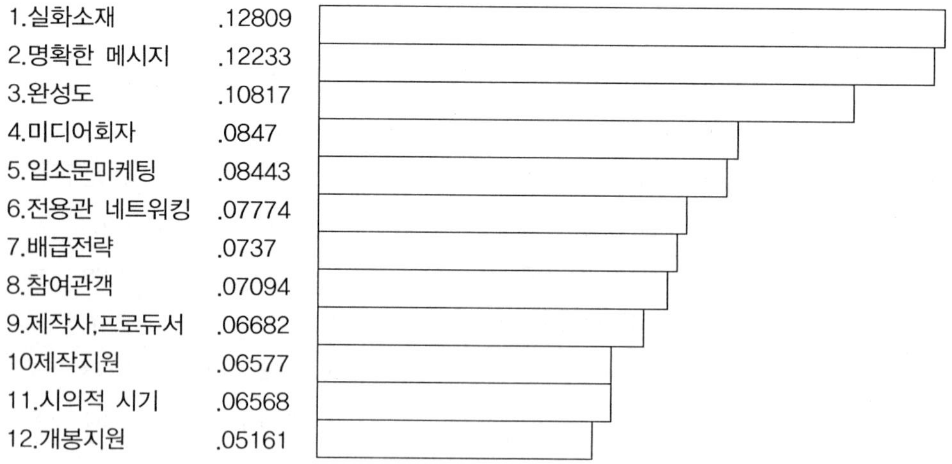

❙그림 9❙ 전체 하위요인 종합 중요도 비교

이러한 결과는 두 가지의 시사점을 보여주고 있다. 첫 번째는 배급유통과 마케팅의 영역보다 창조적 영역의 요인들이 다른 요인들보다 중요한 성공요인으로 평가된 점인데, 이는 다큐멘터리 영화의 장르적 특징과 차별화된 고유성을 더 강화하는 것이 경쟁이 치열한 환경에서 더욱 경쟁우위에 있다고 말해 주는 것이라 볼 수 있다. 또한 1,2,3위로 세 가지 요인이 나란히 랭크된 것은, 강렬한 실화적 소재를 바탕으로 하지만, 새롭고 명확한 창의적인 메시지가 있어야 하고 또한 완성도가 함께 결합되어야, 명실공히 다큐멘터리 영화로 성공할 수 있다는 것을 보여 주고 있다. 두 번째는 전체 4,5위로 마케팅 요인인 '광고, 홍보를 통한 미디어 회자', '입소문 마케팅'이 랭크되었다는 점이다. 다큐멘터리 영화의 독립 영화적 특성상, 제작이나 개봉 지원, 영화 전용관 인프라 확보의 요인이 더 중요하게 평가될 거라는 예상을 깨고 마케팅 요인을 중요하게 평가한 점이 무엇보다 현재 가장 중요한 지점이다. 이는 다큐멘터리 영화도 대중적으로 관객을 만나고자 하는 시도가 이뤄지고 있고, 또 성공하는 모습들이 나타나고 있는 현실을 반증하고 있는 동시에, 정부 등의 지원에 의존하기보다, 영화로서 대중들에게 평가받고자 하는 종사자들의 열망이 반영되었다고 보기 때문이다. 그리고 가능성이 엿보이는 지점이기도 하다. 실화적 소재를 다루는 다큐멘터리 영화는 사회에 대한 여러 이야기 거리를 갖고 있다. 이러한 이야기 거리는 미디어를 통해 회자되기에 충분하고, 또한 사회적 담론의 장인 SNS에서 확장되기에 충분하다. 상대적으로 제작과 마케팅 비용이 적은 다큐멘터리 영화는 디지털 시대를 맞아 대중과 만날 수 있는 거대하고 강한 네트워크를 확보하게 된 셈인데, 이러한 환경을 적극 이용, 도전적으로 다큐멘터리 영화가 모습을 드러낼 수 있게 되었다.

(3) 다큐멘터리 유형에 따른 성공요인의 중요도(우선순위)는 어떻게 다른가

주로 보편적인 메시지를 전달하고자 대중적인 소재를 다뤘던 종사자들과 강한 정치사회적인 소재를 다뤘던 종사자들이 각각의 그들 유형의 다큐멘터리영화 성공요인의 중요도를 어떻게 인식하고 있는지 결과를 비교, 분석해 보았다. 우선

상위 카테고리에서는, 두 유형 종사자 모두가 창조적 영역이 중요하다는 결론을 내었다.

| 표 19 | 유형별 상위 카테고리 상대적 중요도 및 우선순위 비교

요인	보편적 소재		정치적 소재	
	상대적 중요도	우선순위	상대적 중요도	우선순위
창조적 영역	0.42788	1	0.55350	1
배급유통영역	0.30535	2	0.23344	2
마케팅영역	0.26677	3	0.21306	3
계	1.00	CR=0.089	1.00	CR=0.077

창조적 영역 내에서 하위요인을 비교해 보면 두 유형 모두 '강렬한 인물이나 사건 등의 실화소재', '영화의 명확한 작가적 시선과 메시지', '미학적, 영화적 완성도'순으로 1,2,3위를 평가했다. 그러나 다음 순위인 4위에서 차이를 보였는데, 보편적 소재 종사자들은 '역량 있는 제작사, 프로듀서 확보'를 4위로, 정치사회적 소재 종사자들은 '정부, 영화제 등의 제작지원'을 4위로 평가했다. 두 유형의 종사자 모두 작품의 내부적 요인에 월등한 우선순위를 부여했으나, 외부적 요인에서는 정치사회적 소재를 다루는 종사자들은 '정부, 영화제 등의 제작 지원'을 '역량 있는 제작사, 프로듀서 확보'보다 더 중요한 우선순위로 평가했고 보편적 소재를 다루는 종사자들은 '역량 있는 제작사, 프로듀서 확보'를 더 중요한 우선순위로 평가했다. 이는 보편적 소재의 다큐멘터리 영화는 역량 있는 제작사와 프로듀서를 확보하여 좀 더 제작비를 확보, 더욱 완성도 있는 제작과 배급, 마케팅을 실행하는 것, 정치사회적 소재의 다큐멘터리 영화는 정치사회성을 오히려 경쟁우위의 요소로 중심 지으려면 제작 지원이 더욱 중요하다는 것을 말해주고 있다. 두 유형 모두, 작품 외부적 요인과 내부적 요인이 서로 영향을 주고받으며 영화 자체의 작품적 특징과 경쟁력을 더욱 완성도 있게 할 수 있는 것이다.

｜표 20｜ 창조적 영역 내 유형별 상대적 중요도 및 우선순위 비교

창조적 영역	보편적 소재		정치사회적 소재	
	상대적 중요도	우선순위	상대적 중요도	우선순위
강렬한 인물이나 사건등의 실화소재	0.25896	1	0.26027	1
영화의 명확한 작가적 시선과 메시지	0.24259	2	0.25395	2
미학적, 영화적 완성도	0.23632	3	0.20391	3
역량 있는 제작사, 프로듀서 확보	0.15108	4	0.12147	5
정부, 영화제 등의 제작지원	0.11106	5	0.1604	4
계	1.00	CR=0.089	1.00	CR=0.077

다음 배급유통의 영역에서는 두 유형이 큰 차이를 보였다. 보편적 소재에서는 가장 중요한 요인으로 '영화에 맞는 시의적 시기에 상영'을, 두 번째 중요한 요인으로 '영화성격에 맞는 배급전략'을 꼽았다. 정치사회적 소재에서는 배급유통의 영역에서 가장 중요한 요인으로 '독립 및 예술영화 전용관 네트워킹 확보'를, 두 번째 중요 요인으로 '정부, 영화제 등의 개봉지원'이 꼽았다. 이는 정치사회적 소재에서는 인프라확보가 중요하고 정부나 영화제 등의 지원이 중요하다는 점을 확인 시켜주었다.

｜표 21｜ 배급유통 영역 내 유형별 상대적 중요도 및 우선순위 비교

배급유통영역	보편적 소재		정치사회적 소재	
	상대적 중요도	우선순위	상대적 중요도	우선순위
정부, 영화제 등의 개봉 지원	0.0925	4	0.2330	2
독립 및 예술 영화 전용관 확보	0.13911	3	0.3240	1
영화 성격에 맞는 배급 전략	0.25478	2	0.2252	3
영화에 맞는 시의적 시기에 상영	0.51362	1	0.2177	4
계	1.00	CR=0.089	1.00	CR=0.077

마케팅영역에서도, 두 유형은 차이를 보였는데, 보편적 소재에서 가장 중요한 요인은 '입소문 마케팅', 다음 2,3위로 '참여관객'과 '광고, 홍보를 통한 미디어 회자'로 나타났는데 반해, 정치사회적 소재의 가장 중요한 요인은 '광고, 홍보를 통한 미디어 회자'로 나타났다.

| 표 22 | 마케팅 영역 내 유형별 상대적 중요도 및 우선순위 비교

마케팅 영역	보편적 소재		정치사회적 소재	
	상대적 중요도	우선순위	상대적 중요도	우선순위
광고,홍보를 통한 미디어 회자	0.29026	3	0.41941	1
입소문 마케팅	0.41754	1	0.28863	3
참여관객	0.2922	2	0.29195	2
계	1.00	CR=0.089	1.00	CR=0.077

두 유형을 종합가중치로 전체 하위 요인 중요도를 분석해보았는데, 정치사회적 소재의 종사자들은 예상대로 '강렬한 인물이나 사건 등의 소재', '영화의 명확한 작가적 시선과 메시지', '영화적, 미학적 완성도'를 1,2,3위로 평가했고, 4위로 마케팅 요인 중 '광고, 홍보를 통한 미디어 회자'를 꼽았다. 보편적 소재의 종사자들은 놀랍게도 창조적 영역의 요인들을 제치고 1위로 배급유통 요인인 '시의적 시기에 상영'을 꼽았고, 2위로 마케팅 요인인 '입소문 마케팅'을 꼽았다. 보편적 소재의 다큐멘터리 영화 성공 요인 중 가장 중요한 요인으로 치열한 일반 상업영화와의 경쟁적 환경에서 중요하게 떠오르는 요인들을 꼽은 점은 눈여겨 볼 부분이다.

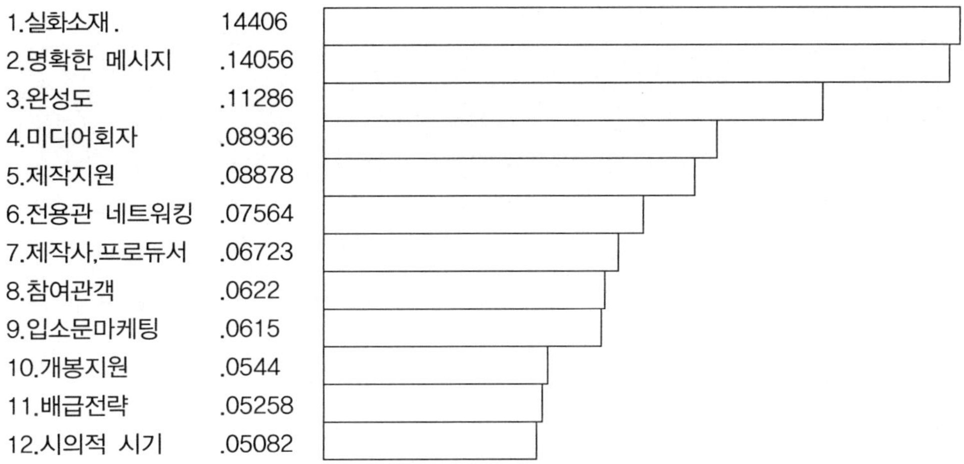

┃그림 10┃ 정치사회적 소재 하위요인 중요도 및 우선순위

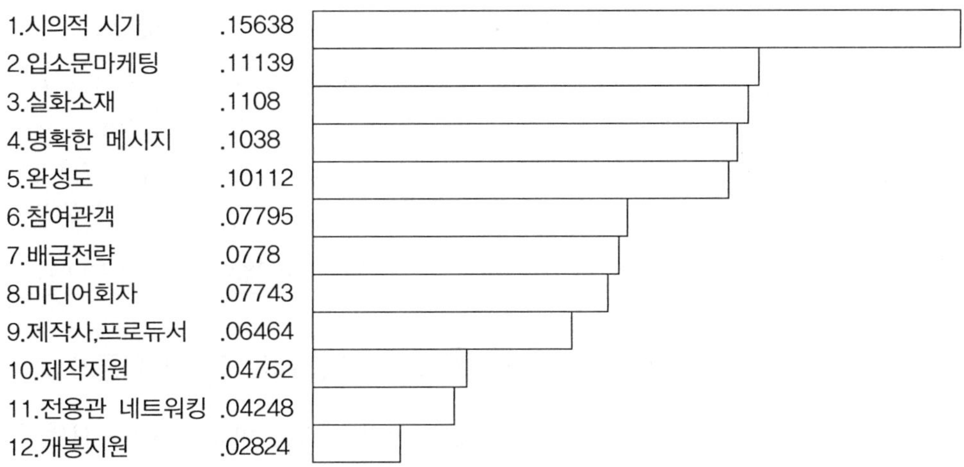

┃그림 11┃ 보편적 소재의 하위요인 전체 중요도 및 우선순위

┃표 23┃ 유형별 하위 요인 종합 중요도 비교

상위 카테고리	하위요인	보편적 소재		정치사회적소재	
		종합 중요도	우선 순위	종합 중요도	우선 순위
창조적 영역	강렬한 인물이나 사건 등의 실화소재	0.1108	3	0.14406	1
	영화의 명확한 작가적 시선과 메시지	0.1038	4	0.14056	2
	미학적, 영화적 완성도	0.10112	5	0.11286	3
	진행을 총괄하는 역량 있는 제작사, 프로듀서 확보	0.06464	9	0.06723	7
	정부, 영화제 등의 제작지원	0.04752	10	0.08878	5
배급 유통 영역	정부, 영화제 등의 개봉지원	0.02824	12	0.0544	10
	독립 및 예술영화전용관 네트워킹 확보	0.04248	11	0.07564	6
	영화성격에 맞는 배급전략	0.0778	7	0.05258	11
	영화에 맞는 시의적 시기에 상영	0.15638	1	0.05082	12
마케팅 영역	광고, 홍보를 통한 미디어회자	0.07743	8	0.08936	4
	입소문마케팅	0.11139	2	0.0615	9
	참여관객	0.07795	6	0.0622	8
계		1.00(CR=0.089)		1.00(CR=0.077)	

(4) 업무영역별에 따른 성공요인의 상대적 중요도(우선순위)는 어떻게 다른가

앞서 말한 것처럼 제작 군과 배급·마케팅 군의 결과를 비교, 분석해 보았다. 우선, 〈표 24〉에서와 같이 두 집단 모두에게서 '창조적 영역'이 가장 중요한 우선순위로 나타났다. 좀 더 자세히 비교를 하면 배급·마케팅 군이 제작 군에 비해 '창조적 영역'의 중요도를 더 높이 평가했다.

| 표 24 | 업무영역별 상위 카테고리 상대적 중요도 및 우선순위 비교

요인	제작 군		배급·마케팅 군	
	상대적 중요도	우선순위	상대적 중요도	우선순위
창조적 영역	0.49119	1	0.52621	1
배급유통영역	0.26874	2	0.24852	2
마케팅영역	0.24008	3	0.22528	3
계	1.00	CR=0.093	1.00	CR=0.083

각각의 영역으로 들어가 하위요인들을 비교해보면, 우선 창조적 영역에서는 두 집단 모두 공통적으로 '강렬한 인물이나 사건 등의 소재', '영화의 명확한 작가적 시선과 메시지', '미학적, 영화적 완성도'를 1,2,3위로 평가했다. 그러나 다음 순위인 4,5위를 평가하는 데는 두 집단이 차이를 보였다. 제작군은 '역량 있는 제작사, 프로듀서 확보'를 '정부, 영화제 등의 제작지원'보다 높이 평가했으며, 배급 · 마케팅 군은 반대로 '정부, 영화제 등의 제작지원'을 '역량 있는 제작사, 프로듀서의 확보'보다 더 높게 평가했다.

| 표 25 | 창조적 영역 내 업무영역별 상대적 중요도 및 우선순위 비교

창조적 영역	제작 군		배급.마케팅 군	
	상대적 중요도	우선순위	상대적 중요도	우선순위
강렬한 인물이나 사건등의 실화소재	0.260781	1	0.262795	1
영화의 명확한 작가적 시선과 메시지	0.24905	2	0.26036	2
미학적, 영화적 완성도	0.220227	3	0.187066	3
역량있는 제작사, 프로듀서 확보	0.136039	4	0.141006	5
정부, 영화제 등의 제작지원	0.133904	5	0.148773	4
계	1.00	CR=0.093	1.00	CR=0.083

배급유통 영역에서, 제작 군은 가장 중요한 요인인 1위로 '독립 및 예술영화 전용관 네트워킹 확보'를, 다음 중요한 요인으로 '영화성격에 맞는 배급전략'을

꼽았으며, 배급·마케팅 군은 1위로 '영화성격에 맞는 배급전략'을 꼽았고, 다음으로 '독립 및 예술영화 전용관 네트워킹 확보'를 꼽았다.

| 표 26 | 배급유통의 영역 내 업무영역별 상대적 중요도 및 우선순위 비교

배급유통 영역	제작 군		배급.마케팅 군	
	상대적 중요도	우선순위	상대적 중요도	우선순위
정부, 영화제 등의 개봉 지원	0.192053	4	0.235242	3
독립,예술영화 전용관 네트워킹 확보	0.289295	1	0.255332	2
영화 성격에 맞는 배급 전략	0.274242	2	0.282394	1
영화에 맞는 시의적 시기에 상영	0.244409	3	0.227032	4
계	1.00	CR=0.093	1.00	CR=0.083

| 표 27 | 마케팅 영역 내 업무영역별 상대적 중요도 및 우선순위 비교

마케팅 영역	제작 군		배급.마케팅 군	
	상대적 중요도	우선순위	상대적 중요도	우선순위
광고, 홍보를 통한 미디어 회자	0.289141	3	0.282988	3
입소문 마케팅	0.327565	2	0.411311	1
참여관객	0.383294	1	0.305701	2
계	1.00	CR=0.093	1.00	CR=0.083

마케팅 영역에서는 제작 군은 '참여관객'을 가장 중요한 요인으로 꼽았다. 다음으로 '입소문 마케팅', '광고, 홍보를 통한 미디어 회자'순으로 꼽았고, 배급·마케팅 군은 '입소문 마케팅'을 가장 중요한 요인으로 꼽았고, 다음으로 '참여관객', '광고, 홍보를 통한 미디어 회자'순으로 꼽았다. 배급·마케팅 군은 '입소문 마케팅'을 다른 요인에 비해 월등하게 중요한 요인으로 뽑았다.

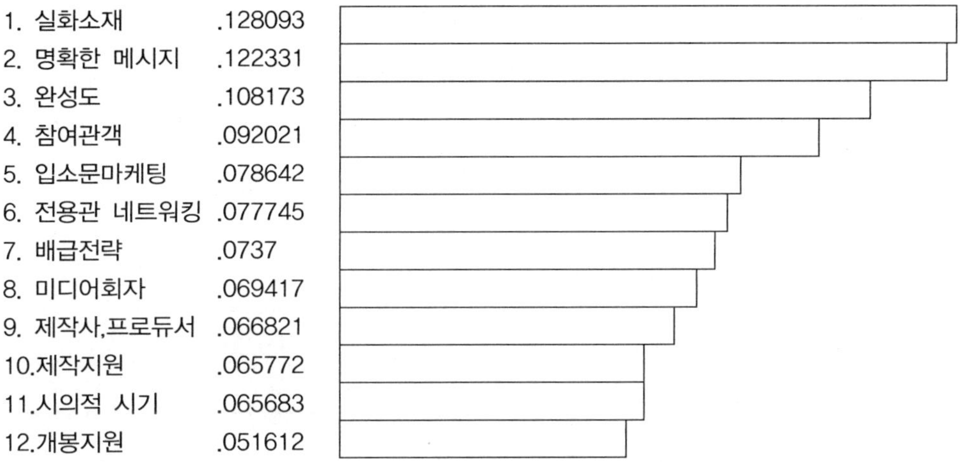

▌그림 12▐ 제작 군의 전체 하위요인 중요도 및 우선순위

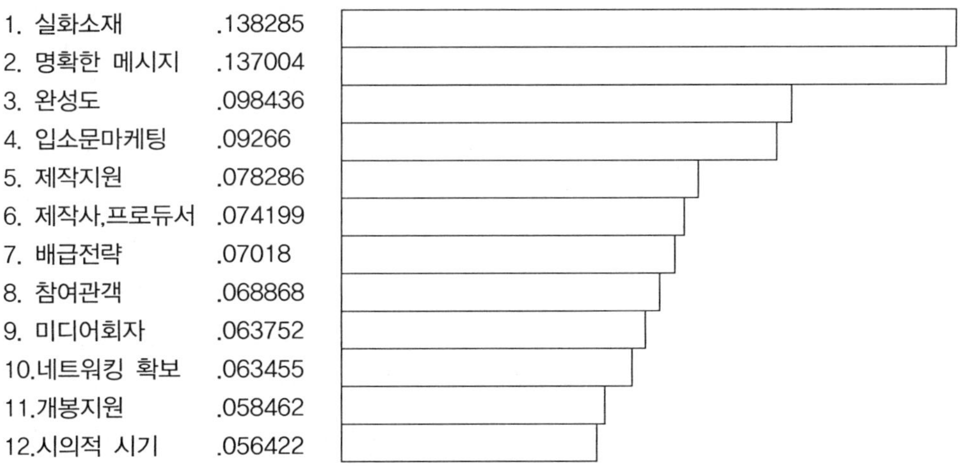

▌그림 13▐ 배급 · 마케팅 군의 전체 하위요인 중요도 및 우선순위

전체 하위요인의 중요도를 비교해 보면, 제작 군과 배급 · 마케팅 군, 두 집단 모두 공통적으로 '강렬한 인물이나 사건 등의 실화소재', '영화의 명확한 작가적 시선과 메시지', '미학적, 영화적 완성도'를 1,2,3위로 평가했다. 다음 순위인 4위로 제작군은 '참여관객'을 꼽은 데 비해, 배급 · 마케팅 군은 4위로 '입소문 마케팅'을 꼽았다. 또한 배급 · 마케팅 군은 5,6위로 '정부, 영화제 등의 제작지원'

과 '역량 있는 제작사, 프로듀서 확보'를 꼽았고, 제작군은 5,6위로 '입소문 마케팅'과 '독립 및 예술영화 전용관 네트워킹 확보'를 꼽았다. 배급·마케팅 군은 5,6위로 창조적 영역의 나머지 요인을 중요하게 평가한 반면, 제작군은 5,6위로 마케팅영역의 요인과 배급유통영역의 요인을 중요하게 평가한 것이다.

| 표 29 | 업무영역별 전체 하위요인 종합 중요도 비교

상위 카테고리	성공 요인	제작 군		배급.마케팅군	
		종합 중요도	우선 순위	종합 중요도	우선 순위
창조적 영역	강렬한 인물이나 사건 등의 실화소재	0.128093	1	0.138285	1
	영화의 명확한 작가적 시선과 메시지	0.122331	2	0.137004	2
	미학적, 영화적 완성도	0.108173	3	0.098436	3
	진행을 총괄하는 역량 있는 제작사, 프로듀서 확보	0.066821	9	0.074199	6
	정부, 영화제 등의 제작지원	0.065772	10	0.078286	5
배급 유통 영역	정부, 영화제 등의 개봉지원	0.051612	12	0.058462	11
	독립 및 예술영화전용관 네트워킹 확보	0.077745	6	0.063455	10
	영화성격에 맞는 배급전략	0.0737	7	0.07018	7
	영화에 맞는 시의적 시기에 상영	0.065683	11	0.056422	12
마케팅 영역	광고, 홍보를 통한 미디어회자	0.069417	8	0.063752	9
	입소문마케팅	0.078642	5	0.09266	4
	참여관객	0.092021	4	0.068868	8
계		1.00(CR=0.093)		1.00(CR=0.084)	

이러한 결과는 두 가지 중요한 시사점을 보여 주고 있다. 첫째는 제작 군과 배급·마케팅 군 모두 공통적으로 창조적 영역의 세 가지 요인을 가장 중요한 성공요인으로 보고 있다는 점이다. 다큐멘터리 영화의 대중적 확장이 시작되고 있는 이 때, 제작영역의 종사자와 배급·마케팅 종사자가 같은 곳을 바라보고 있고, 공통된 인식을 하고 있다는 것은 매우 중요하다. 다큐멘터리 영화의 장르

적 고유성과 차별성을 완성도 있게 극대화하는 것이 가장 경쟁력 있다는 공통된 인식은 향후 다큐멘터리 영화의 성공을 둘러 싼 여러 가지 지원과 협력을 마련하고 가속화 시키는데 긍정적인 영향을 줄 것이다. 두 번째는 제작 군과 배급・마케팅 군이 각각 4위로 '참여 관객'과 '입소문 마케팅'을 평가한 점은 모두 디지털 시대의 SNS를 기반으로 하는 영향력과 인프라를 중요하게 보고 있다는 것을 보여 주고 있다. 특히 제작 군은 가까이에서 영화 기획부터 제작, 배급 단계를 거치면서 잠정적 관객들을 무수히 만나고 관계를 맺어 가기 때문에 그러한 '참여 관객'의 힘을 가장 피부로 느끼는 집단일 것이다. 그러나 배급・마케팅 군은 '참여 관객'을 8위로 평가하고 있다. 4위로 평가한 제작 군과는 다소 차이가 있다. 이는 이제 막 파편적으로 관찰되어 지는 현상으로, '참여 관객'이 아직 시스템으로 파악되지 않아서라고 본다. 시스템으로, 또 다큐멘터리 영화의 중요한 현상으로 연구, 실행되어지면서 더욱 명확한 성공 요인으로 그 모습을 드러낼 것이라고 기대해 본다.

Chapter 06

다큐멘터리 영화 산업의 발전을 위해서

1. 결 론

본 연구는 다큐멘터리 영화의 성공을 결정짓는 흥행요인을 탐색하기 위해 최근 흥행한 다큐멘터리 영화의 사례분석을 통해 요인들을 도출하고, AHP기법을 적용하여 그 요인들의 상대적 중요도를 분석해 보았다. 또한 보편적 소재의 다큐멘터리와 정치사회적 소재의 다큐멘터리를 구분해, 결과를 분석해 보았고, 또한 다큐멘터리 영화 제작을 책임지는 제작 집단과, 다큐멘터리영화를 배급, 마케팅하는 집단이 다큐멘터리 영화의 성공요인에 대해 어떻게 다르게 인지하고 있는지 분석해 보았다. 본 연구의 결과를 요약하면 다음과 같다.

첫째, 사례 분석과 전문가들의 제안과 검증을 거쳐, 12개의 다큐멘터리 영화의 성공요인을 규명했다. 그 12개의 요인은 다음과 같다 : 창조적 영역에서 5개의 요인, '강렬한 사건이나 인물 등의 실화 소재', '영화의 명확한 작가적 시선과 메시지', '미학적, 영화적 완성도', '진행을 총괄하는 역량 있는 제작사, 프로듀서 확보', '정부, 영화제 등의 제작 지원', 배급유통 영역에서 4개의 요인, '정부, 영화제 등의 개봉지원', '독립 및 예술영화 전용관 네트워킹 확보', '영화 성격에 맞는 배급전략', '소재에 맞는 시의적 시기에 상영', 마케팅 영역에서 3개의 요인, '광고, 홍보를 통한 미디어 회자', '입소문 마케팅', '참여관객' 등이다. 창조적 영역의 요인이 많은 것은 영화 장르 자체의 차별성과 구별성이 성공 요인이 된다는 점을 보여 주고 있고, 다큐멘터리 영화의 특징을 반영하듯이, 지원과 인프라 구축 요인 또한 성공에 영향을 주는 요소로 나타났다. 그러나 일반 영화의 흥행 요인에서 부각되는 배급과 마케팅 영역의 요인들 또한 다큐멘터리 영화에서도 영향을 미치는 요인이었고, 특히 디지털 시대에 부상하고 있는 네트워크의 확산, 그 주체로서 '참여관객'의 요인이 분석되었다.

둘째, 요인 간 중요도 분석에서는, 26명의 전문가들은 전체적으로 배급유통의 영역과 마케팅의 영역보다 압도적인 수치의 차로 창조적 영역을 가장 중요한 성공요인의 영역으로 평가하였다. 앞서 일반 영화흥행요인 선행연구에서 보았듯이, 일반 상업영화에서는 창조적 영역의 요인보다 배급과 마케팅 영역의 요인들을 흥행에 더욱 영향을 미치는 요인들로 연구하고 있다. 다큐멘터리 영화에서는 이와는 반대로 결과가 나온 것인데, 소규모의 예산으로, 일반 영화와 경쟁해야 하는 다큐멘터리 영화는 작품자체의 장르적 차별성, 구별성이 중요하다는 것을 다시 입증하는 결과라 볼 수 있다. 그러나 하위요인인 12개의 요인의 전체 중요도를 보면, 창조적 영역의 세 가지 요인 다음으로 '광고, 홍보를 통한 미디어 회자', '입소문 마케팅'의 마케팅 영역의 요인이 4,5위로 분석된 점 또한 눈 여겨 보아야 한다. 다큐멘터리 영화의 차별성, 구별성이 가장 큰 경쟁력이지만, 관객에게 다가가기 위한 마케팅 전략과 실행은 필수적으로 실행되어야 함을 말해 주고 있는데, 이 또한 다큐멘터리 영화의 고유적 특징과 연결된 요인으로서 충분히 성공을 앞당기는 요인이 될 수 있다. 실화적 소재가 주는 미디어를 통한 전방위적 회자, 디지털 시대에 부각되는 개인들의 적극적이고 주체적인 SNS 참여 등은 다큐멘터리 영화와 관객과의 소통을 더욱 확장하는 역할을 하기 때문이다.

셋째, 유형별로 분석에 차이가 있는지를 보면, 보편적 소재 다큐멘터리의 가장 중요한 성공요인과 정치사회적 소재 다큐멘터리의 가장 중요한 성공요인은 확연히 다르게 나타났다. 보편적 소재의 다큐멘터리 영화는 '영화에 맞는 시의적 시기에 상영'과 '입소문 마케팅'이 가장 중요한 성공 요인으로 나타났고, 정치사회적인 소재의 다큐멘터리 영화는 창조적 영역의 요인인 '실화적 소재'와 '명확한 메시지', '영화적 완성도'가 가장 중요한 성공요인으로 나타났으며, 다음 중요한 성공요인으로는 마케팅의 '미디어 회자'와 창조적 영역의 '정부의 제작 지원'순으로 나타났다. 정치사회적 소재의 다큐멘터리 영화는 다큐멘터리 본질에 가까운 장르적 역할과 정체성에 충실하여 완성도 있는 영화를 제작, 다큐멘터리에서 다른 소재와 관련한 내용들이 미디어에 회자 되는 것이 가장 중요한 성공 요인이 된다는 것이고, 보편적 소재의 다큐멘터리 영화는 배급과 마케팅의 요인이 성공하는데 더 결정적인 역할을 한다는 것인데, 이는 보편적 소재의 다큐멘터리 영화는 일반 상업영화의 모습을 좇아가고 있음을 반증하고 있다. 독립 영화적 성격의 성공요인(실화소재, 제작 및 개봉 지원, 전용관 확보 등)과 함께 상업적 성격의 성공요인(배급투자, 미디어 회자, 입소문 마케팅 등)을 함께 갖고 있는데, 이는 독립 영화적 성격을 오롯이 갖고 있는 정치사회적 소재의 다큐멘터리 영화와 구분해, 각각의 유형에 맞는 성공전략을 실행해야 함을 보여 주고 있다.

넷째, 업무영역별로는 우선 공통적으로 제작 군과 배급·마케팅 군 모두, '강렬한 인물이나 사건 등의 실화소재', '영화의 명확한 작가적 시선과 메시지', '미학적, 영화적 완성도'를 1,2,3위로 평가, 가장 중요한 성공요인으로 꼽았다. 그리고 다음 순위로 제작군은 4위로 '참여관객'을, 배급·마케팅 군은 '입소문 마케팅'을 꼽았는데, 이러한 결과를 볼 때, 두 집단 모두 다큐멘터리 영화 자체가 완성도 있는 경쟁력을 가져야 하며, 디지털 시대의 SNS와 온라인 네트워크를 다큐멘터리 영화의 중요한 인프라임을 공통적으로 인식하고 있는 점이 발견되었다. 그러나 두 집단이 명확히 차이를 보이는 지점이 있다. 제작 군이 4위로 랭크한 '참여관객'을 배급·마케팅 군은 8위로 랭크하고 있는 것인데, 배급·마케팅 군은 분명 현실에서 영향력을 보이고 있는 '참여관객'에 대해서 인식이 부족하다고 볼 수 있다. 또눈 여겨 볼 지점은 배급·마케팅 군이 5,6위로 창조적 영역의 '정부, 영화제 등의 제작지원'과 '역량 있는 제작사, 프로듀서 확보'를 꼽은 부분이다. 배급·마케팅 군은 4위를 빼고는 1,2,3,5,6위 모두를 창조적 영역의 요인들로 다큐멘터리 영화 성공요인을 꼽았다. 이는 작품 자체의 경쟁력을 강화하는 창조적 영역의 요인을 가장 중요하게 강조하고 있는 것으로 보이나, 다큐멘터리

영화의 배급과 마케팅에 대한 치열한 고민과 실행이 적었기 때문에 배급, 마케팅의 요인을 피부로 느끼지 못해 발생한 결과라고도 볼 수 있다.

본 연구를 진행하면서 연구자는 이제 다큐멘터리영화는 영화시장 시스템으로 진입을 했고, 그 안에서 경쟁력을 갖추는 것이 시장의 선순환 구조를 이루게 됨과 동시에, 많은 관객을 만날 수 있는 필연적 방향이라는 것을 확신했다. 또한 시대가 변화하면서 이전과는 다른 성공의 메카니즘이 발견되기도 했다. 이런 관점에서 실무적 시사점을 제시하면 다음과 같다. 첫째, 다큐멘터리영화의 장르에 맞는 차별적 완성도는 필수적이다. 보편적 소재의 다큐멘터리는 일반 상업영화의 완성도와 비교할 때 차이가 없어야 하며, 정치사회적 소재의 다큐멘터리는 그 본질에 맞게 강한 소재로 명확한 메시지를 전달할 완성도를 가져야 한다. 기획단계가 더 활성화되어야 하고, 정부나 영화제 등의 지원 프로그램에도 소재를 발굴하고 창의적인 스토리텔링이 이뤄지는 프리프로덕션 단계를 위한 지원이 포함되어야 한다. 둘째, 보편적 소재의 다큐멘터리와 정치사회적 소재의 다큐멘터리를 구분해 보아야 한다는 것이다. 앞서 언급한 것처럼, 보편적 소재의 다큐멘터리 영화는 일반 상업 영화로 인식, 그에 맞는 가치사슬을 가지고 진행한다면 더욱 성과를 낼 수 있을 것이라고 본다. 기획을 하고, 좋은 감독을 선정하고, 투자를 받고, 역량 있는 배급사와 결합하여, 많은 관객을 만나도록 하는 것이다. 그렇다면 자연스럽게 정부와 영화제의 지원은 정치적, 사회적 소재에 좀 더 집중되어, 두 유형의 다큐멘터리 영화가 모두 성장하는데 기여할 수 있을 것이다. 셋째, '참여관객'에 대한 현상을 다각도로 분석하여 다큐멘터리영화만의 대안을 모색하도록 해야 한다는 것이다. 온라인의 확장성과 편리성, 효율성이 현재 사회운동에 참여하고자 하는 개인과 집단의 결합으로 나타난 것이 '참여관객'이다. 이것은 펀딩과 배급에 걸쳐 매우 의미 있는 대안으로 떠오르고 있다. 다큐멘터리 전문 배급사가 주축이 되어 이러한 과정을 시스템화, 구조적으로 체화, 적용하는 선순환구조를 만들 수 있을 것이다. 앞서 분석한 〈두 개의 문〉 연구에서도 드러났듯이 과거 독립적 배급 형태와 현재 디지털 시대의 네트워크를 결합해 미증유의 성과가 나타났다. Sorensen, I. E(2012)은 크라우드 펀딩이 영화의 배급과 상영을 촉진하면서 커뮤니티를 형성하고 이 커뮤니티가 또한 더욱 배급, 상영을 촉진하는 현상을 의미 있게 보았다. 온라인 활성화, 다매체 환경은 다큐멘터리영화의 유통 방식에도 새로운 대안을 줄 수 있다. 넷째, 정부의 역할이 시장경쟁을 돕는 지원정책으로 강화되어야 한다. 현재 제작, 개봉에 있어 안정적 지원에만 머물고 있는 정부의 정책방향이, 다큐멘터리영화의 선순환이 이뤄질 수 있도록 시장 경쟁적 다큐멘터리영화 생태계를 조성하는 방향으로 확장되어야 할 것이다. 기획과 배급, 마케팅 단계의 모든 곳에서 다큐멘터리 영화의 고유성을 더 발전시키는 내용과 방향으로 구체적으로 정책이 마련되고, 실제 지원이 되어야 할 것이다.

다큐멘터리영화의 성공요인을 도출한 본 연구는 다큐멘터리영화의 경영적 성과에 대한 첫 연구로 의미가 크다. 이러한 의미는 다음과 같은 학술적 시사점을 제공할 수 있는데, 먼저 주요요인들을 포괄적이고 논리적으로 도출함으로써 다큐멘터리영화 활성화를 위한 객관적인 지표를 제공, 다큐멘터리영화 관련 정책 수립 또는 평가에 타당성 있는 지표로 기여할 수 있을 것이다. 또한 다큐멘터리 영화 성공요인의 계층구조를 도출한 것은, 다큐멘터리영화성공에 대한 연구가 아직 미흡한 상황에서 이론적 프레임을 제시했고, 이 또한 향후 후속연구에서 활용할 수 있는 기본 틀을 마련했다는 것에 의미가 있겠다.

2. 연구의 한계와 향후 연구 방향

처음으로 이뤄진 만큼 의미도 크겠으나 또한 한계를 가지고 있다. 학술적 연구로서 부족한 점은 다큐멘터리 영화의 성공 요인에 한계가 있다는 점이다. 먼저 요인들이 좀 더 명확하고 구체적이지 못하고 포괄적이고 넓은 개념을 포함하고 있다. 이러다 보니 조작적 정의가 부족한 요인들도 있고 결론 도출 또한 특정한 내용을 뾰족하게 도출하는데 부족했다는 생각이 든다. 이러한 점은 다큐멘터리 영화의 성공 요인을 처음으로 제시하려다 보니 포괄적으로 접근하여 발생한 결과라고 말씀드리고 싶다. 또한 제한된 사례를 가지고 연구를 했다는 점과 26명의 조사자 구성에 대한 한계도 있을 것이다. 특히 제작 군(65%)과 배급·마케팅 군(35%) 자료의 불균형에도 한계가 있을 것이다.

본 연구자는 이 기본적인 결론과 결과를 바탕으로 향후 많은 연구들이 더해지기를 간절히 바라고 있다. 본 연구의 한계를 극복하기 위해서도, 다큐멘터리 영화의 성공에 대한 추가적인 연구가 진행될 필요가 있다. 이 연구가 진행되는 동안에도 〈자백〉 〈노무현입니다〉 등 많은 다큐멘터리 영화가 시장에서 성과를 거두고 있다. 이러한 영화들의 성공사례 또한 지속적으로 연구되고, 이러한 다중사례연구를 통해, 여러 다양한 다큐멘터리 영화의 공통점, 차이점을 비교하는 연구 또한 진행될 수 있을 것이다. 그리고 이러한 사례들을 통해 보여 진 성공요소들이 제작주체별, 장르별, 제작단계별, 그 중요도에 어떤 차이를 보이는지 밝히는 연구 또한 흥미롭게 진행될 것으로 기대한다. 또한 온라인을 통한 펀딩, 온라인을 통한 배급과 유통의 확장, 또한 다큐멘터리영화의 영향력 연구를 함께 진행하면서 보충되리라 본다. 또한 다매체 환경에서 영화만이 아닌 여러 매체를 통한 유통, 배급 방식의 변화 연구도 진행될 수 있다. 첫 연구라서 가지는 한계점을 향후 후속연구를 통해서 보완되기를 기대한다.

▣ 참고문헌

〈국문 도서〉

곽신애(2009), 「저예산영화 흥행요인 분석」, 추계예술대학교 석사학위논문.

권은혜 (2014), 「2000년대 이후 한국 독립다큐멘터리의 트랜스 미디어적 재구성: 디지털 시대의 액티비즘 다큐멘터리와 소셜 미디어를 통한 관객운동을 중심으로」, 한국예술종합학교 예술전문사 학위논문.

김숙(2002), 「한국영화의 구조적 행위적 요인과 흥행성과의 관계」, 이화여자대학교 석사학위논문.

김휴종(1997), 「한국영화 스타의 스타파워 분석」, 삼성경제연구소.

김휴종(1999), 「한국영화산업, 돌파구는 없는가」, 삼성경제연구소.

남인영 · 김일란 · 이승민(2009), 「한국 다큐멘터리 영화의 배급과 해외시장개발을 위한 연구」, 영화진흥위원회 연구보고서.

레이몬드 스포티스우드, 김소동 역(2001), 「영화의 문법」, 집문당.

마크 커즌스 , 최정민 역(2013), 「현실을 상상하다: 다큐멘터리의 철학과 작업」, 커뮤니케이션 북스.

배기형(2015), 「국제공동제작」, 커뮤니케이션 북스.

신현훈(2000), 「한국영화산업의 흥행요인에 대한 연구-서울개봉관에서 상영된 영화를 중심으로」, 건국대학교 석사학위논문.

영화진흥위원회 산업정책연구팀(2015), 「2015년 한국 영화산업 결산」, 영화진흥위원회.

영화진흥위원회 정책연구부(2014), 「2014년 한국 영화산업 결산」, 영화진흥위원회.

원승환 외(2013), 「독립영화 정책연구 2012」,영화진흥위원회.

이도균(2008), 「다큐멘터리 영화의 영상재현의 특성과 변화에 관한 연구-마이클 무어의 작품을 중심으로」, 경기대학교 석사학위논문.

이진이(2013),「2000년대 한국 TV다큐멘터리의 변천: 소재, 포맷의 변화양상과 변화유발요인을 중심으로」, 계명대 박사학위논문.

장병희(2015), 「영화흥행요인」 ,커뮤니케이션 북스.

잭 앨리스·베시 멕라렌 , 허욱 외 역(2011), 「다큐멘터리의 새로운 역사」, 비즈앤비즈.
정인선, 박혜영(2008), 「다양성영화의 지역상영 활성화방안연구」, 영화진흥위원회.
조혜영(2013), 「영화의 죽음-포스트필름 영화의 존재양식에 대한 연구」, 중앙대학교 박사학위 논문.
한화성(2015), 「국내 수입 프랑스영화의 흥행성과에 관한 연구」, 전북대학교 박사학위 논문.
황동미(2001), 「한국영화 산업구조 분석; 할리우드 영화 직배 이후를 중심으로」, 영화진흥위원회.
최은화(2010), 「저예산 영화의 현황과 시장 안정화를 위한 연구 : 2000년대 중후반 저예산 영화 사례를 중심으로」, 서울 : 영화진흥위원회.

〈국문학술지〉

계운경(2016), "다큐멘터리와 멜로드라마의 조우: 님아, 그 강을 건너지 마오를 중심으로", 「현대영화연구」, 제25권, pp. 137-168.
고정민 (2008), "공연애호 온라인 커뮤니티집단의 커뮤니티활동 및 공연관람 성향 연구", 「문화경제연구」, 제11권, pp. 33-59.
김병선(2009), "영화유형에 따른 흥행예측요인 비교연구", 「한국언론학보」, 제53권, pp. 257-287.
김소영·임승희·정예슬(2012), "영화유형별 영화흥행성과 예측요인의 비교」연구: 예술영화와 상업영화의 비교를 중심으로", 「한국콘텐츠학회논문지」, 제10권 제2호. pp. 381-393.
김연형·홍정한(2011), "영화흥행결정요인과 성과예측연구",「한국통계학회논문지」, 제18권 제6호, pp. 859-869.
김은미(2003), "한국영화의 흥행결정요인에 관한 연구",「한국언론학보」, 제47권, 제2호, pp. 190-220.
김정호(2008), "한국영화 스타파워 분석, 2003-2007" 「영화연구」, 제38권, pp. 11-52.
김주수·임성준(2011), "한국영화의 흥행성과 결정요인에 관한 통합적 연구",「지식경영연구」, 제12권 제3호, pp. 1-25.

김혜원(2012), “한국 다큐멘터리 영화의 스토리텔링 전략 : <워낭소리>를 중심으로” 「영상문화콘텐츠연구」, 제12권 제5호, pp. 5-32.

맹수진(2015), 산업화 시대의 미학적 무의식: 흥행작 독립 다큐멘터리에 나타난 욕망과 부인의 이중구조,「독립영화」, 제45권.

박세영(2010), “애니메이션 영화 흥행요인 분석”, 「애니메이션연구」, 제6권 제4호, pp. 23-37.

박승현 · 송현주 · 정완규(2011), “한국영화의 흥행성과 결정요인에 관한 연구”, 「언론과학연구」, 제11권 제4호, pp. 231-258.

박승현 · 정완규(2009), “한국 영화시장의 흥행결정 요인에 관한 연구 : 2006-2008년 개봉작품을 중심으로”, 「언론과학연구」, 제9권, pp.243-276.

박조원 · 이귀옥(2004), “영화관련 신문보도가 영화흥행에 미치는 영향에 관한 연구 :기사의양, 게재시기, 방향을 중심으로”, 「한국언론학보」, 제48권 제6호, pp. 62-83.

박형현 · 박찬수(2001), “영화평론과 흥행성과간의 관계, 인터넷 시대에도 유효한가”, 「마케팅연구」, 제6권, pp. 71-85.

심용호 · 변기섭 · 이봉규(2011), “AHP와 ANP 방법론을 이용한 그린 ICT 정책의 전략적 우선순위 도출 방안“, 「인터넷정보학회논문지」, 제12권 제1호, pp. 85-98.

안성아 · 김태준(2003), “영화개봉점유율과 관객감소율의 영향요인분석”, 「마케팅연구」, 제8권 제3호, pp. 1-17.

유경한 · 채희상(2007), “저예산영화의 유통방식 다변화 사례연구”, 「영상예술연구」, 제10권, pp. 293-322.

유현석(2007), “다큐멘터리의 다양성에 관한 연구”, 「사회과학연구」, 제13권 제1호, pp. 101-118.

유현석(2002), “한국영화의 흥행 요인에 관한 연구 : 제작 관련 변수를 중심으로”, 「한국언론학보」, 제46권 제3호, pp. 183-213.

이승민(2013), “<두 개의 문>에 드러난 “현실의 창조적 재구성”, 「영화연구」, 제58권, pp. 313-332.

이양환, 장병희, 박경우(2007), “국가 간 영화흥행요인 비교를 위한 탐색적연구 : 한국과 미국 영화시장에서 미국 영화의 흥행요인 비교를 중심으로”, 「언론과학연구」, 제3권 제7호, pp. 185-222
이인혜 · 조성빈(2014), “분위수 회귀분석을 이용한 한국영화흥행 결정요인 분석”,「한국경영공학회지」, 제19권 제4호, pp. 117-134.
이혁상(2013), SNS, 이렇게 활용하라, 「한국영화」, 제34권, 영화진흥위원회
이화룡 · 조창희(2012), “학교건축의 디자인 품질지표 개발에 관한 연구”, 「대한 건축학회 논문지」, 제28권 제5호, pp. 69-77.
임소연 · 이윤철(2017), “다큐멘터리영화의 성공을 결정짓는 요인에 관한 비교사례연구 -<님아, 그 강을 건너지 마오>와 <두 개의 문>을 중심으로”, 「한국콘텐츠학회 논문지」, 제17권 제10호, pp. 503-517.
장병희 · 이양환 · 김병선(2009), “심리적 변인활용을 통한 영화흥행예측의 정교화”, 「한국언론학보」, 제53권 제4호, pp. 346-371.
전평국(2008), “매체다원화 시대 다큐멘터리 장르의 경계에 관한 연구”, 「영화연구」, 제37권, pp. 351-382.
정완규(2009), “애니메이션영화의 흥행결정요인에 관한 연구, 2008~2010 개봉작을 중심으로”, 「만화애니메이션 연구」, pp. 21-32.
조흡(2015), “조흡의 영화이야기, <님아 그 강을 건너지 마오> 새로운 가족으로 가는 길” 대한토목학회지 제63권 제5호, pp. 120-124
주영기 · 박승현(2013), “일본애니메이션의 흥행성과에 미치는 영향”, 「일본근대학연구」, 제42권, pp. 417-438.

〈해외도서〉

Bateman, T. S., and S. A. Snell (2002), *Management: Competing in the New Era (5th Eds.),* New York, McGraw-Hill/Irwin.
Freeman, R. E. (1984), *Strategic Management: A Stakeholder Approach*, Englewood Cliffs, NJ, Prentice-Hall.
Litman, B. R., and H. Ahn (1998), *Motion picture mega-industry,* Needham Heights, MA: Allyn & Bacon.

Saaty, T. L. (1980), *The Analytic Hierarchy Process: Planning Priority Setting,* Resource Allocation. Mcgraw-Hill Books.

Saaty, T. L. (2012), *Decision Making for Leaders: The Analytic Hierarchy Process for Decisions in a Complex World.* Third Revised Edition, Pittsburgh: RWS Publication.

Saaty, T. L., and L. G. Vagas (1991), *The Logic of Properities,* RWS, Pittsburgh, PA.

Wyatt, J. (1991), *Current research in film: Audiences, economics and law,* Ablex Publishing Corporation,.

〈해외논문〉

Albert, S. (1998), Movie stars and the distribution of financially successful films in the motion picture industry, *Journal ofCultural Economics,* 22, 249-270.

Basuroy S., S. Chatterjee, and S. A. Ravid (2003), "How critical are critical reviews?: The box office effects of film critics, star power, and budgets", *Journal of Marketing,* 67, 103-117.

Chang, B., and E. Ki (2005), Devising a practical model for predicting theatrical movie success: Focusing on the experience good property, *Journal of Media Economics,* 18(4), 247-269.

Dellarocas, C., N. F. Awad, and X. Zhang,(2007), Exploring the value of online product reviews in forecastingsales: the case of motion pictures, *Journal of Interactive Marketing,* 21(4), 23-45.

Desai, K. K., and S. Basuroy, (2005), Interactive influence of genre familiarity, star power, and critics' reviews in the cultural goods industry: The case of motion picture, *Psychology & Marketing,* 22(3), 203-223.

Duan, W., B. Gu, and A. B. Whinston(2008), Do online reviews matter?: An empirical investigation of panel data, *Decision Support Systems,* 45, 1007-1016.

Liu, Y. (2006), Word of mouth for movies: its dynamics and impact on box office revenue. *Journal of Marketing,* 70, 74-89.

Litman, B. R. (1983), Predicting the success of Theatrical Movies: An Empirical Study, *Journal of Popular Culture,* 17, 159-175.

Litman, B. R., and L. S. Kohl (1989), Predicting Financial Success of Motion Pictures: The 80's Experience, *Journal of Media Economics,* 2, 35-50.

Moul, C. (2007), Measuring Word-of-mouth' Impact on Theatrical Movie Admissions, *Journal of Economics & Management Strategy,* 16(4), 859-892.

Prag, J. and J. Casavant (1994), An empirical study of the determinants of revenues and marketing expenditures in the motion picture industry, *Journal of Cultural Economics,* 18, 217~235.

Ravid, S. A. (1999), Information, blockbusters, and stars: A study of the film industry, *Journal of Business,* 72(4), 463-492.

Sochay, S. (1994), Predicting performance of motion pictures, *Journal of Media Economics,* 7, 1-20.

Sorensen, I. E. (2012), Crowdsourcing and outsourcing: the impact of online funding and distribution on the documentary film industry in the UK, *Media, Culture & Society,* 34(6), 726-743.

Wallace, W. T., A. Seigerman, and M. B. Holbrook (1993), The role of actors and actresses in the success of films: How much is a movie star worth?, *Journal of Cultural Economics,* 17, 1-27.

〈기타〉

고 이소선 여사 다큐 '어머니' 개봉, 2012, 스포츠경향.

"극장을 점령하라" 새로운 영화운동 확산, 2012, 경향신문.

다큐영화 '두개의 문' 호평 쇄도, 소셜무비 전성시대, 2012, 뉴스페이스.

독립영화감독들 더 깊이 고민해야, 2012, 민중의 소리.

'두 개의 문' 본 정동영 "어휴, 영화 끝나자…", 2012, 한겨레21.

'두 개의 문' 호평쇄도, 2012, 머니투데이.

무비 저널리즘 시대가 도래했다, 2012, 허남웅닷컴.

‘무현, 두 도시 이야기’, 역대 다큐멘터리 흥행순위 5위‘, 2006, 중앙일보.
시네마 달 폐업위기, 2017, 경향신문.
엔딩크레디트 새줄 밑, 두 개의 문 배급위원 834명, 한겨레TV영상.
영화돌풍이유, 2014, 동아일보.
영화, 님아 그강을 건너지 마오, 열풍 이유, 2014, 동아일보.
영화, 님아 그 강을 건너지 마오, 열풍이유, 2014, 동아일보.
용산참사 다룬 ‘두개의 문’,극장 통째로 빌려보는 단체관람 확산, 2012, 경향신문.
용산참사 다큐 ‘두 개의 문’ 매진돌풍, 2012, 한겨레신문.
용산참사 다큐 ‘두개의 문’ 매진 돌풍 “개봉 이후 하루하루가 기적 같다”, 하2012, 한겨레신문
<우리학교>통하였느냐, 정한석, 2007, 씨네21.
워낭소리 고영재PD, “작게 낳아 크게 키우는 전략”, 2009, 한겨레신문.
<워낭소리> 흥행분석- 22만을 향한 치밀한 전략전술, 2009, 씨네21.
20대 사로잡은 ‘님아, 그 강을 건너지 마오’, ‘세대의 강’ 훌쩍 건넜다. 2014,경향신문.
작은 영화가 살아남는 법, 2012, 머니투데이.
한국영화의 새바람, 엔터테인먼트를 넘어 무비저널리즘으로, 2012, 한국교육신문.
“SNS가 불 지폈다”… ‘두 개의 문’ 각계 각층 관람 열기, 2012, SBSE.
TV 다큐 주름잡던 ‘독립PD’ 스크린에 ‘새바람, 2015, 경향신문.

부록 델파이조사 설문지

설문지(Section 1)

다큐멘터리영화흥행의 주요 영향 요소 대한 상대적 중요도를 평가하여 해당 숫자에 표시하여 주십시오.

▷ 예제

다큐멘터리영화흥행의 주요 구성 요소 중 “창조의 영역”이 “배급유통의 영역” 보 다 중요도가 “높다”라고 평가될 경우 “창조의 영역”쪽 3점에 표시, “매우 높다” 라고 평가될 경우 5점에 표시, 반대로 “배급유통의 영역”이 “창조의 영역”보다 “매우 높다”라고 평가될 경우 “배급유통의 영역” 쪽 5점에 표시하여 주십시오. 그리고 중요도가 동등하다고 평가될 경우 1점에 표시해 주십시오.

측정항목	평가 척도	측정 항목
창조의 영역 (Creative sphere)	5 4 3 2 1 2 3 4 5	배급유통 영역 (Distribution-scheduling & realise)

※ 작성 시 주의사항

설문 작성을 위한 비교는 각각 상호관계가 엮여 있으므로 논리적 일관성을 유지하여 주시기 바랍니다. 아래 예시와 같이 A가 B보다 중요하고, B가 C보다 중요하다고 평가했다면 A가 C보다 중요해야 할 것입니다.

예시) A 〉 B and B 〉 C ----〉 A 〉 C (O)

[주요 구성요소에 대한 정의 및 설명]

측정항목	설 명
창조의 영역 (Creative sphere)	다큐멘터리영화의 완성도를 높이기 위해서 제작단계에서 발생하는 모든 요소를 포함한다. 다큐멘터리영화 제작단계에서 내리게 되는 주요 결정은 크게 영화의 소재와 제작비인데, 스토리를 만드는 데 영향을 주는 요소들이 가장 중요하며 제작비는 인적 물적 요소를 확보하여 영화의 완성도에 기여하게 된다. 현재 한국다큐멘터리영화에서 제작비는 제작사가 투자를 직접하거나 정부기관이나 영화제 등에서의 제작지원, 민간투자 등의 내용으로 진행된다. 이러한 요소들로 인한'작품의 완성도'는 배급과 마케팅의 기본 초석이 된다.
배급유통 영역 (Distribution-scheduling & realise pattern)	영화를 제작하고 나서 관객들이 가장 많이 볼 수 있도록 상영시기와 배급통로를 마련하는 영역이다. 다큐멘터리영화는 극장에 개봉하는 것조차 쉽지 않다. 개봉비용을 마련하는 일부터, 배급사를 일단 선정하는 일이 중요할 것이다. 다큐멘터리는 대형영화들과 경쟁하며 스크린 수를 확보하는 것에 상당히 어려움이 있다. 그럼에도 불구하고 영화성격에 맞는 배급사를 파트너로 하여, 스크린 수를 확보하는 전략, 그리고 스크린을 장기간 유지시키는 전략 등 배급전략을 펴나가야 한다. 또한 다큐멘터리 소재에 맞는 시의성을 잘 겨냥하고, 특별한 사회적 분위기들을 잘 이용해볼 수 있다. 경쟁이 치열한 요즘 영화 산업계에서 매우 중요해지는 영역이 되었다.
마케팅 영역 (Marketing effort)	영화가 완성되고 배급사가 결정되면, 배급전략을 세우는 것을 시작으로 '마케팅' 단계에 돌입하게 된다. 영화제에 출품하여 성과를 축적하고, 언론을 대상으로 홍보활동을 펼치며, 각 종 시사회를 통해 평단과 일반 관객의 반응을 얻는 마케팅 전략을 펼친다. 최근 SNS를 비롯한 온라인 활성화로 인해 비용을 많이 쓰지 못하는 다큐멘터리 영화에겐 마케팅을 적극 펼칠 수 있는 기회를 갖게 되었다. 또한 다큐멘터리 특성상, 사회성을 다루는 소재를 입소문 마케팅에 적극 활용, 전방위적으로 여러 요인에 영향을 주는 가장 강력한 요소들로 등장하고 있다. 특히 정치사회적 다큐멘터리영화에 강력하게 영향력을 행사하는 '참여관객'들과의 강한 네트워킹은 필수로 자리잡아가고 있다

● 이상에서 설명한 설문 작성방법과 다큐멘터리영화의 흥행을 위한 주요 구성요소에 대한 설명을 바탕으로 **아래 세 가지 문항에 대해 답변을 해 주시길 부탁드립니다.**

측정항목	평가 척도	측정 항목
창조의 영역	5 4 3 2 1 2 3 4 5	배급유통 영역
창조의 영역	5 4 3 2 1 2 3 4 5	마케팅 영역
배급유통 영역	5 4 3 2 1 2 3 4 5	마케팅 영역

● 다음은 응답자의 인구통계학적 특성에 관한 질문입니다. 알맞은 번호에 **체크(V)**해 주십시오.

- 귀하의 성별은 ? ① 남성 ② 여성

- 귀하의 연령은 ? ① 20대 ② 30대 ③ 40대 ④ 50대 ⑤ 60대이상

- 귀하의 최종학력은 ? ① 고졸 ② 전문대졸 ③ 대졸 ④ 석사 ⑤ 박사

- 다큐멘터리 관련 업무 경력은? ① 5년 이하 ② 6~10년 ③ 11~15년
④ 16~20년 ⑤ 21년 이상

- 다큐멘터리영화 종사 영역은? ① 감독 ② 프로듀서 ③ 제작사 ④ 배급사
⑤ 홍보,마케팅

- 주로 다뤘던 다큐멘터리영화의 소재는 ?
① 보편적 메시지를 전달하는 휴먼, 인물 등의 소재
② 강한 사회적 파급을 일으키는 정치, 사회적 소재

설문지(Section 2)

본 설문 section에서는 section1에서 제시한 다큐멘터리 영화 흥행에 대한 세 가지 영역(창조의 영역, 배급유통 영역, 마케팅 영역)들 각각 세부 요인의 상대적 중요도를 측정하는 것을 목적으로 합니다.

1) 창조의 영역(Creative sphere) : 세부 구성요소에 대한 정의 및 설명

측정항목	설 명
강렬한 인물이나 사건 등의 실화소재	다큐멘터리는 실화를 바탕으로 하기 때문에 기본적인 소재인 인물이나 사건이 강렬해야 한다. 인물이라면 캐릭터가 강해야 하고, 그가 처한 현실이 극적인 상황이어야 한다. 그리고 사건 또한 알려졌든 잘 알려지지 않았든, 사회적 이슈를 불러일으키기 위해서는 그 사건 자체가 주는 강한 면모가 있어야 한다는 것. 극영화에서 '스타'는 영화에 1차적으로 호기심을 갖게 하는 요소라고 한다. 인물과 소재는 다큐멘터리에서 1차적 호기심을 불러 일으키는데 아주 중요한 영향을 끼친다. 다큐멘터리 장르의 영화발전을 위해서, 실화로서의 캐릭터와 소재개발이 중요하다고 본다.
영화의 명확한 작가적 시선과 메시지	다큐멘터리의 전개방식을 '인물'중심(Charater_Driven) 혹은 '사건'중심(Topic_Driven)의 두 가지 큰 분류로 봤을 때 '인물의 성격'과 '사건의 갈등구조'를 서사구조에서 어떻게 잘 표현하고 풀어나가는가에 따라 그 다큐멘터리의 성패가 결정된다고 본다. '인물' 이나 '사건'이 다큐멘터리 작가(제작자)의 시선과 인식을 통해 일상의 새로운 발견이 되었을 때 그러한 메시지가 관객들에게 극대화되어 흥행에 결정적인 영향을 미친다고 할 수 있겠다.
미학적, 영화적 완성도	미학적, 영화적 완성도라 함은 기본적으로 관객을 극장으로 오게 하는 힘이다. 영화라는 장르의 예술적 요소를 다큐멘터리가 외면해서는 안된다. 또한 관객을 만나기전에 영화는 많은 투자자들과 산업적 동료들, 관계자들을 만나는데, 이 단계에서 영화적 완성도는 영화제작과 개봉을 가속화시키는데 중요한 역할을 한다. 투자자와 배급사를 만나는 일, 그리고 홍보와 입소문 마케팅의 성공 또한 이 영화적 완성도의 요소가 갖춰 있어야 한다. 현재 다큐멘터리영화시장이 활성화되기 시작한 시점에서 이 요소는 다큐멘터리영화의 질을 높이기 위한 가장 최전선에 서 있는 요소라서 더욱 중요하다고 본다.
제작진행을 총괄하는 역량 있는 제작사, 프로듀서 확보	그동안 다큐멘터리영화는 1인 제작으로 감독이 모든 것을 진행해왔다. 그러나 최근 흥행에 있어 두각을 나타내고 있는 다큐멘터리 영화들은 영화를 총괄하는 제작사와 프로듀서의 활동이 두드러지고 기획단계가 보여지고 있다 제작사와 프로듀서의 역할은 제작비마련이나 배급사선정, 전략, 마케팅 등 제작이외의 요소들을 담당하는데, 작품의 특성을 잘 파악하고 그에 맞는 배급환경을 찾아주는 것이 외적으로 가장 중요한 요소다. 이러한 요소들은 향후 더욱 흥행에 결정적인 역할을 하게 될 것이며, 이는 감독을 작품에만 전념케 함으로써 완성도 있는 영화를 제작하는데 영향을 준다. 이제 다큐멘터리영화도 기획단계, 프리프로덕션단계에서 제작과정의 구체화와 투자를 검토해야 하는데 이런 역할이 중요하게 부각되었다.

측정항목	설 명
정부, 영화제 등의 제작지원	현재 다큐멘터리영화의 제작비가 꾸준히 상승하는 추세를 보이고 있다. 제작비의 가장 중요한 역할은 인적, 물적 확보를 통해 영화의 완성도를 높이는데 기여를 한다. 이제는 작품의 완성도가 있지 않으면 이름도 내밀 수 없는 상황이 되었다. 극장 매출이 90% 이상을 차지하는 한국영화 시장에서, 그중 다양성 영화, 한국독립영화안에서 다큐멘터리가 차지하는 비중은 매우 적다. 이에 따른 정부 및 민간 투자 및 지원은 한국 다큐멘터리 시장에서 매우 중요한 요소이다. 그리고 제작사 주도의 적은 비용의 투자가 아닌, 소재에 맞게 적극적으로 민간투자를 유치할 수 있어야 한다.

● 이상에서 설명한 설문 작성방법과 다큐멘터리영화흥행을 위한 주요 구성요소에 대한 설명을 바탕으로 **아래 열 가지 문항에 대해 답변을 해 주시길 부탁드립니다.**

측정항목	평가 척도									측정 항목
강렬한 인물이나 사건 등의 소재	5	4	3	2	1	2	3	4	5	영화의 명확한 작가적 시선과 메시지
강렬한 인물이나 사건 등의 소재	5	4	3	2	1	2	3	4	5	미학적, 영화적 완성도
강렬한 인물이나 사건 등의 소재	5	4	3	2	1	2	3	4	5	역량 있는 제작사, 프로듀서 확보
강렬한 인물이나 사건 등의 소재	5	4	3	2	1	2	3	4	5	정부, 영화제 등의 제작지원
영화의 명확한 작가적 시선과 메시지	5	4	3	2	1	2	3	4	5	미학적, 영화적 완성도
영화의 명확한 작가적 시선과 메시지	5	4	3	2	1	2	3	4	5	역량 있는 제작사,프로듀서 확보
영화의 명확한 작가적 시선과 메시지	5	4	3	2	1	2	3	4	5	정부,영화제 등의 제작지원
미학적 영화적 완성도	5	4	3	2	1	2	3	4	5	역량있는 제작사,프로듀서 확보
미학적 영화적 완성도	5	4	3	2	1	2	3	4	5	정부,영화제 등의 제작지원
역량 있는 제작사, 프로듀서 확보	5	4	3	2	1	2	3	4	5	정부,영화제 등의 제작지원

2) 배급유통의 영역(Distribution-scheduling & realise) : 세부 구성요소에 대한 정의 및 설명

측정항목	설 명
정부의 개봉지원	수많은 다큐멘터리 기획과 제작이 이루어지고 있다. 최근 다큐멘터리영화가 몇몇 흥행한 사례가 있긴 하지만 다큐멘터리영화는 돈이 안 되는 장르이다. 다양성영화를 지원하고 육성한다는 차원에서 다큐멘터리 개봉을 지원하는 것은 필수적이다. 민간투자가 붙을 수 없는 내용의 다큐멘터리영화도 있기 때문이다. 한국의 다큐멘터리영화가 여기까지 오게 된 것도 적은 규모라 할지라도 개봉지원이 꾸준히 있어왔기 때문이었다. 정부의 개봉지원은 다큐멘터리가 시장에 나오게 하는 기본 환경이라고 할 수 있겠다.
독립 및 예술영화 전용관 네트워킹 확보	독립 및 예술영화 전용관으로의 네트워킹이 가능한 구조 또한 중요하다. 정부의 개봉지원이 현재 이뤄지고 있긴 하지만 지원금액은 현실적으로 매우 부족한 액수이다. 이러한 비용으로 상영관(특히 메이저) 확보가 쉽지 않다. 이런 상황에서 전용관마저 없다면 다큐멘터리 제작-유통의 선순환이 사실상 불가능하다. 개봉지원금을 씨드머니로 하여 여러 전략과 함께 관객을 확장하는 시도를 할 때, 특히 전용관이라는 최소한의 장치와 구조는 필수적이라 할 수 있겠다.
영화성격에 맞는 배급전략	영화를 완성하고 관객에게 도달시키는 일이 배급인데, 영화에 대한 노출기회와 접근성이 아주 중요하기 때문에 어떤 배급사와 파트너를 맺느냐 또한 필수적인 흥행요인이다. 파워 있는 배급사는 와이드릴리즈전략 뿐 아니라 영화성격에 맞는 전략을 펼치는 것이 가능하다. 스크린을 열어줄 극장네트워크를 갖고 있고 많은 배급전략 경험이 있기 때문이다. 파워 있는 배급사선정만으로 흥행을 기대하기 어렵다. 워낙 경쟁이 치열하고, 변화무쌍한 관객들의 취향과 참여로 인해 영화의 성격, 비용규모, 핵심관객 타깃에 맞는 배급전략이 필요하다. 와이드릴리즈전략은 기본적으로 흥행을 앞당기는 전략이긴 하나, 이러한 전략을 펼 수 없는 다큐멘터리영화도 있다. 먼저 소규모로 스크린을 열어 관객으로 하여금 작품성으로 입소문을 내게 하며 스크린을 조금씩 확장하는 전략도 가능하다. 다큐멘터리영화엔 전통적으로 공동체상영의 배급전략도 있다. 다큐멘터리 전문 배급경험을 가지고 있는 전문배급사의 배급망과 전략이 그 영화의 성격에 맞는 관객분석과 마케팅으로 어느 정도 흥행몰이를 발휘할 수 있을 것으로 본다.
영화에 맞는 시의적 시기에 상영	한국영화시장에서는 주로 방학과 명절 시즌, 크리스마스시즌이 가장 수요가 증가하는 시기이다. 또한 전형적으로 여름엔 액션, 겨울엔 멜로라는 경험적으로 얻어져 통용되는 시기도 있다. 그러나 다큐멘터리

측정항목	설 명
	영화의 경우 이러한 특성을 반영해 상영 시기를 결정하긴 어렵다. 극장에서 스크린을 이런 시기에 내주지도 않는다. 다큐멘터리영화는 사회적분위기나 시의적 시기가 영향을 미친다. 관객들은 이제 영화자체만으로 영화를 즐기지 않고 영화와 관련된 여러 가지 메시지와 사회적 분위기, 이슈 등을 함께 경험하며 소통한다. 일반영화는 유명한 감독이나 배우를 통해서 홍보하지만, 다큐멘터리영화는 사회적 이슈를 가지고 홍보하는 것 또한 무엇보다 중요하다. 그래서 영화가 다루는 소재와 관련 있는 시기, 특히 인물이나 사건 관련한 사회적 행동들로 분위기가 조성될 때는 영화 관람은 더더욱 필수적이게 되고, 사회적 관심과 어우러져 폭발적인 관람으로 이어지게 되기 때문이다.

● 이상에서 설명한 설문 작성방법과 다큐멘터리영화흥행을 위한 주요 구성요소에 대한 설명을 바탕으로 **아래 여섯가지 문항에 대해 답변을 해 주시길 부탁드립니다.**

측정항목	평가 척도									측정 항목
정부의 개봉지원	5	4	3	2	1	2	3	4	5	독립 및 예술영화 전용관 네트워킹 확보
정부의 개봉지원	5	4	3	2	1	2	3	4	5	영화성격에 맞는 배급전략
정부의 개봉지원	5	4	3	2	1	2	3	4	5	영화에 맞는 시의적 시기에 상영
독립 및 예술영화 전용관 네트워킹 확보	5	4	3	2	1	2	3	4	5	영화성격에 맞는 배급전략
독립 및 예술영화 전용관 네트워킹 확보	5	4	3	2	1	2	3	4	5	영화에 맞는 시의적 시기에 상영
영화성격에 맞는 배급전략	5	4	3	2	1	2	3	4	5	영화에 맞는 시의적 시기에 상영

3) **마케팅영역 (Marketing Endevour)** : 세부 구성요소에 대한 정의 및 설명

측정항목	설 명
광고, 홍보를 통한 미디어 회자	기본적으로 홍보하고 광고하는 일은 모든 영화에서 필수적 요소이지만, 그 중 미디어에 얼마나 많이 회자되느냐는 아주 결정적이다. 영화제수상이나 정부지원, 투자유치, 비평가들의 평 등의 소식은 뉴스 노출에 아주 중요한 요인이 된다. 또한 미디어에 회자된다는 것은 영화의 완성도와 작품성을 기대하게 해, 이후 제작비확보나 배급 등에 중요한 영향을 끼치기도 한다. 특히 다큐멘터리영화는 영화 자체의 얘깃거리와 함께 소재와 인물에 관련된 이슈거리들도 많아, 매우 많은 뉴스를 생산할 수 있는데, 이러한 미디어 노출은 영화의 화제성을 극대화해, 관객을 대중적으로 확장하는데 결정적인 영향을 미치기도 한다.
입소문 마케팅	SNS 활성화로 관객들은 영화를 보는데 그치지 않고 좀 더 적극적으로 영화와 관련한 의견과 정보들을 나눈다. 최근에는 비평가들의 평보다 일반 개개인의 관람평과 의견이 훨씬 강한 영향을 미치고 있다. 이러한 입소문은 제작이 완성된 후 배급과 마케팅단계에서 전방위적으로 영향을 끼친다고 하겠다. 특히 다큐멘터리 관객은 영화 뿐 아니라 관련한 이슈들을 더욱 적극적으로 소통하며 사회적 이슈에 참여하는 모습을 보이는데, 이런 과정에서의 입소문은 영화 관람에까지 관객을 도달하게 하기도 한다. 마케팅비용이 많이 부족한 다큐멘터리영화계에서 아주 유용한 마케팅전략이다.
참여관객	정치사회적 소재의 다큐멘터리영화에만 펼쳐지는 특수한 현상이 있다. 주로 크라우드 펀딩에 참여하여 적극적으로 극장관람에까지 이어지는 관객들의 모습을 말하는데, 이는 최근 정치사회적 소재의 다큐멘터리영화를 흥행에 이르게 하는데 가장 중요한 요인이 되고 있다. 디지털, 온라인 환경에서 정치적 행위로서의'관객운동''관람운동'의 계보를 잇는 현상으로, 김소영 교수는 한 논문에서 이를 '참여관객'이라 일컬었다. 지금 시대의 '참여관객'은 영화가 기획되고 상영되는 과정까지 전반에 걸쳐 참여하며 강력한 영향력을 행사한다. 이러한 영향력은 영화흥행에 전반적으로 영향을 미치며, 이들과의 네트워킹은 흥행의 필수적 요소로 자리 잡고 있다. 최근 한국다큐멘터리영화에서는 이러한 '참여관객'들로 정치사회 다큐멘터리영화가 호황을 누리고 있다.

● 이상에서 설명한 설문 작성방법과 다큐멘터리영화흥행을 위한 주요 구성요소에 대한 설명바탕으로 **아래 세 가지 문항에 대해 답변을 해 주시길 부탁드립니다.**

측정항목	평가 척도									측정 항목
광고,홍보를 통한 미디어 회자	5	4	3	2	1	2	3	4	5	입소문마케팅
광고,홍보를 통한 미디어 회자	5	4	3	2	1	2	3	4	5	참여관객
입소문마케팅	5	4	3	2	1	2	3	4	5	참여관객

다큐멘터리 영화는 무엇으로 성공하는가

2018년 6월 16일 | 초판 인쇄
2018년 6월 18일 | 초판 발행

지 은 이 | 임소연
발 행 인 | 김은중
발 행 처 | 서울경제경영출판사
북 디 자 인 | (주)우일미디어디지텍

주 소 | 03767 서울특별시 서대문구 신촌로 205, 506호
전 화 | 02)313-2682
팩 스 | 02)313-8860

등 록 | 1998년 1월 22일 제5-63호

ISBN 979-11-6282-040-7 93320 정가 12,000원